JN255159

愛は地球を救わない

マルク・カーペンター

New Age Nirvana

Mark Carpenter

たま出版

はじめに

なぜ、戦いというものがあるのだろう。

なぜ、苦しみがあるのだろう。

「信じるものは救われる」と聞いたりはするが、果たしてどこまで本当なのだろうか。

神は存在するのか。存在するなら、なぜ不幸や悪というものがあるのか。

こういった疑問を持つ人はきっと少なくないだろう。筆者は、今では神の存在を信じているが、昔は無神論者であった。昔といっても、子どもの頃は、キリスト教の学校に通い、日曜日は教会で礼拝をする日だったので、キリスト教で「天の父」と言われる神が唯一正しい神の存在であり、すべての存在の創造主であると信じてはいた。

ところが中学、高校に入ると、仏教を勉強したり、進化論などにも影響されたり、それまでのキリスト教育での信仰は消え失せたのだ。大学に入って、友達が魂について話していた時は、きっぱりと「魂なんてないね」とまで言ったものだ。

しかし今では、魂、輪廻転生、神、天使、霊などのスピリチュアルな存在を完全に信じている。いや、「信じている」というよりは「知っている」。

「戦い、苦しみ、不平、不幸、悪などがあるなら神は存在しない。存在するとしても拝まない」という意見は多いかもしれない。

本書は、なぜ神が存在するのにもかかわらず嫌なことがあるのか、その真実が書いてある。しかし、ただ嫌なことがあるだけという結論ではない。私たちの時代は大きな変化を迎えている。この変化の先には「エデンの花園」や「極楽浄土」という言葉がふさわしい美しい世界が待っているのだ。

しかし今は、やはり嫌なことが多いかもしれない。この世で嫌なことがあるのは、多くの場合、邪神や邪霊などが人の心を操ることで発生するからだ。前述の疑問に似た疑問になるが、全知全能で完全に善の心を持った神がいるのなら、なぜ「魔」というものがあるのか。

実は、このことには本書では触れないつもりだった。原稿を出版社に渡して、あとは地道な編集作業のみ残されていると思ったら、本の一番はじめに来る「はじめに」の文章を2ページほど書いてほしいと言われ、この文章を書くに至っている。隠すつもりだったのだが、何か見えない力が、筆者に今それを書かせているのかもしれない。

邪神・悪魔の存在。それは単に聖・魔、あるいは光・闇の二元論の一つの要素ではない。コントロールしているのは、善の神なのだ。神と悪魔が平等に力を持っているということは決してなく、すべての支配者は結局神なのである。ある意味、神が自ら悪魔を創造し、操っているというべきだろう。もし悪魔が人の心を操っているのなら、その悪魔を神が操っているということは、悪の黒幕は神だといっていい。

なぜだ⁉　と読者は思うかもしれない。なぜ善の神が悪魔を使い、この世を魔界のような世界にしてきたのか。本書にはその答えが記されている。ぜひ最後まで読んでいただきたい。

不平等、犯罪、複雑な人間関係、戦争……すべての苦しいことには大きな意味があり、私たちは常に戦っているのだ。私たちは皆、今まで分からなかった大きなミッションのために戦ってきている。邪神や悪魔というべき存在は、その大業を為すための道具なのだ。

悪魔は神を憎んでいる！　なぜか。それは、この世とあの世を行き来するもろもろの魂には永遠の生命があり、希望あふれる未来があるのに、悪魔には永遠の生命はないからだ。一時的に、人間を悪の道へと誘導させるために道具として使われ、その存在に意味がなくなったら消え失せる運命なのだ。

悪は、他を生贄にすること。

悪魔は、人の心を操作し、私利私欲のために生贄となる者を利用する。

しかし、実はその悪魔こそ生贄。

今まで人類に閉ざされてきた秘密を、今言ってしまった。ここで忠告をしよう。絶対に、何があっても、悪魔崇拝などしてはならない。悪魔に同情しなくていい。神様こそが崇められるべき存在だからだ。神様にはいろいろ事情があり、本書ではそのことにも触れる。

悪魔は機械に似ている。そしてプログラムされたかのように、人を操り続ける。しかしそれは終わりを迎えており、もうすぐ私たちはこの状態から解放されるであろう。次のミレニアム（AD3000年）を迎えるころには、この地球は光の国（宇宙社会に進出していくと、感覚は国から村、そしてすぐに細胞のようになるかもしれないが）になるための変化が目に見えるだろう。そしてわれわれはその時代に生まれることができる。

なぜ、悪魔を道具として利用しなければならなかったのか。なぜ戦いや数々の不幸を人類は背負わなければならなかったのか。その答えを、読者に捧げよう。希望あふれる未来の予言とともに――。

目次

第5章　ホリスティック思考とリニア思考について――103

第8章 「有意義」と「無意義」について——177

第1章

ニルヴァーナ、あるいは「悟り」について

回 新しいが、すべての人のものでもある

筆者は、2011年1月26日に、悟り、あるいはニルヴァーナのような体験をした。ニルヴァーナという言葉は、宗教によって定義が異なる。例えば、ジャイナ教（インドの宗教の一つ）では魂が自由になることを意味し、仏教では意識がもっと高いレベルに達することを意味する。

本書では、筆者の体験に関してニルヴァーナ、あるいは「悟り」という言葉を使わせていただくが、「悟り」という言葉は、日本語では単に理解することを指す場合がある。また、宗教の中で使われる場合、その「理解」が奇跡的なもの、聖なるものである意味合いがある。

筆者の得た悟りとは、そういった今までの宗教と意味が異なり、新しい悟りである。ただし、新しいことは新しいが、真の悟りでもあることをお伝えしたい。そして、なによりもこの悟りは筆者のものだけでなく、すべての人のものであることも伝えたいと思っている。

では、いったい何が2011年1月26日に起きたのか。

それは、ある光を見たことである。その光は、普通の物質的科学でいう光（例えば太陽光や電気を使う照明器具の明かり）とは異なり、霊的な何かだった。具体的には、神であったと認識している。

その神の光を見た時、瞬間的出来事であったが、意識が爆発したかのようになり、光も爆発しているように見えた。とにかく光の速度があまりにも速く、宇宙にある全ての場所や物に、瞬時に、同時に行き届いていた。そしてそれは、宇宙そのものでもあったのだ。

そこでは、全ての小さな物体、例えば鉛筆なども、単に宇宙の小さな部分であるのではなく、実は全宇宙そのものだった。「全」と「個」は同じなのだ。「全」であるその光に意思があるとすれば、それは全てをコントロールしており、絶対的な力を持つということにもなる。まさにそれは、神である。

筆者は、神である光を見ただけではなく、霊界からさまざまな悟りを得た。これは、光を見た日の前にもあったことであり、後にも発生していることでもある。

光を見た時、筆者は発作を起こしながら倒れてしまった（光を見たと同時にそうなったのか、時間にズレがあったのかは、はっきりと覚えていない）。そして、一時的に我を、つまり理性を失った状態に陥ってしまった。

しかし、この状態に陥ったと同時に眠っていた霊感が目覚め、テレパシーを実感するようになった。体験者としての分析であるが、それをテレパシーと呼ぶべきか、あるいは念波と呼ぶべきかは、領域や信頼と深い関係を持つ。となると、領域と信頼という二つのものにも関係があることになる。

もし複数の人間が何かで信頼を持つことになれば、それは領域を築いたことになる。会社などの領域では社員同士の信頼が大切であり、また家庭という種類の領域でも信頼は関係する。親友同士のような絆でも、きっと念波と関係する。

では、領域とは何か。仮にそれを組織的秩序だとしよう。組織的秩序が生命体同士に発生すると、テレパシーでのつながりが発生するのだろうか。

今、「生命体」という言葉を使ったが、人間以外の生命体も念波を発する。というより、むしろ動物の方がこういう非言語的なものに敏感だといえる。競争は領域をめぐっての闘いであることが多いからして、そういう競争が毎日のようにある動物などの生命体にとっては、テレパシーは重要な情報源に違いない。

テレパシーを実感した筆者が分析した結果によると、領域を得ると意識が拡張する。念の力が増し、よりエネルギーを実感するようになり（東洋医学で言われる「気」というものともいえる）、バランス感覚も良くなる。バランスをとるということは、ただ単にバランスのための筋肉を使ったものではなく、東洋医学で言われる「気」と関わるからだ。この「気」は生命と深く関わりがあるので、領域を得ると生命をより実感することになる。となると、領域をめぐった競争は生命をめぐった競争ともいえる。

回テレパシーによるコミュニケーションが始まっている

現在の科学界は、テレパシーのことをどう見ているのだろうか。技術はどこまで進んでいるのだろうか。

加來道雄（かくみちお）という有名な科学者によると、現代のテクノロジーはテレパシーの領域にたどり着きつつある。彼は、その著書『フューチャー・オブ・マインド―心の未来を科学する（The Future of the Mind）』（斉藤隆央訳、ＮＨＫ出版）のなかで次のように述べている。

「テレパシーは今、世界中の大学で熱心に研究されています。科学者はすでに技術レベルの高いセンサーを使って、人の脳が発信している言葉、イメージ、思考を読み取るのに成功しているのです。これは、脳卒中を起こした人、事故のせいで障害者になってしまった人とコミュニケーションを取る手段になりますが、それだけではありません。テレパシーは私たち人間がコンピューターをどう操作するかを劇的に変化させ、また、世界とどうつながっていくかも変えるかもしれないのです」

「ＩＢＭの科学者は、将来的に人間は意識でコンピューターとコミュニケーションを取るようになると言っています。そうなると、マウスや声による操作が要らないようになる可能性があります。人に電話をすること、クレジットカードで支払いをすること、運転をすること、アポイントを取ること、楽曲づくり・美術制作などは全て意識の力でできるようになるわけです。可能性は無限大なので、コンピューター業界の巨人、教育者、ゲーム会社などで、多種多様にこのテクノロジーは使われるようになります」

「科学者たちはＥＣＯＧ（脳皮質電図）テクノロジーを使うようになりましたが、それはＥＥＧスキャンが生み出す乱雑な信号と比べて大きな進歩でした。頭蓋骨を通してではなく、直接脳からデータを抽出するため、ＥＣＯＧスキャンの正確性や分析能力は今までにないものだといえます。ただ、効率がいい半面、頭蓋骨の部分を取り除き、脳にそのまま64個の電極棒を含んだメッシュを置く必要があります」

「幸運なことに、科学者たちはてんかん患者にＥＣＯＧスキャンのテストを行う許可を得ることができました。サンフランシスコのカリフォルニア大学で、てんかん患者が脳の手術を受けている間、ＥＣＯＧのメッシュを取り付けました」

「患者にさまざまな言葉を聞かせると、脳からの信号が電極棒を伝わり、そのデータが記録されました。そして、信号とそれに当てはまる言葉をマッチングする辞書が作られました。のちに、ある言葉を言った時、同じ電子的パターンが見られることが分かりました。これは、脳がある言葉を考えている時、コンピューターがその電子的信号を識別して、その人の代わりにコミュニケーションが取れることを意味しています。このテクノロジーがあれば、テレパシーのように無言でコミュニケーションが自由に取れて、脳卒中のせいで話すことができなくなった患者が声のシンセサイザーを通して言葉を発信させることができるようになるでしょう」

「もし数百個の単語を識別することが可能になれば、それをコンピューターが全て印刷することができます。これは、ジャーナリストやライター、小説家、詩人にとって大変便利なことです。意識でコンピューターとつながることで、やがてはそのコンピューターに秘書のように働いてもらうことも可能になります。予定している会議や旅行などの詳細をコンピューターが記録してくれるのです」

「文章だけではなく、音楽を楽譜に書き出すのもこのテクノロジーで可能になるかもしれません。ミュージシャンがメロディーを頭の中で思い浮かべるだけで、楽譜が印刷されるのです」

以上、少し長い引用になったが、加來道雄氏の言っている現代の科学研究の発展には驚かされる。現在では、テレパシーは脳が作り出しているものという解釈のようだが、きっといつの日か、脳だけでなく霊や魂からもテレパシーが発信できるということが世間で当たり前の事実となるだろう。

回 存在はこの宇宙のみではない

筆者が「悟り」を得たとき、光を見たこと以外にも、さまざまな体験をした。

それらのなかで、ぜひ一つ伝えたいことは、「存在」はこの宇宙のみにあらずということである。そしてそれ以前に、この宇宙には、地球のように人間・植物・動物・微生物が存在する星が多くあることである。いってみれば、私たちの住むこの宇宙は、広大な花園のようなもので、地球やその他生命の存在する星々は、一つの花のようなものである。

では、宇宙以外の「存在」について述べてみよう。

宇宙そのものは無限にある。ここでいう無限とは、終わりのない前進のことをいう。つまり、非常な高速で新たな宇宙が常に誕生しているのだ。

英語で宇宙のことをユニバースというが、「ユニ」は単数を意味し、複数の宇宙となると「マルチバース」という言葉になる。そしてその「マルチバース」を一つの単位と捉えれば、この宇宙の外には無限大に複数のマルチバースさえも存在する。さらに、それを「大マルチバース」と呼ぶとすれば、それよりも深い領域もある。そうやって最後にたどり着くのは、存在の根源である。

だが、存在の根源の話をする前に、言わなくてはならないことがある。それは、筆者はさまざまな悟りを得たが、完全に全てを知っているわけではないということだ。しかも、それはそうでなければならないのだ。知ってしまってはいけないこともある。

例えば、人間はある程度服を着ないといけない。泳ぎにいくとしても、最低限の水着という服装をする。ある意味、雑誌でモデルの写真などを見ているとき、少し肌が見えていたらセクシーかもしれないが、全部丸見えとなると、見たくなくなるかもしれない。

本書はそれに似ていて、肌が少し見えるが、丸見えにはならない。要するに、必要とされる内容しか書いていない。

これは真面目な話だが、セクシュアリティと宗教とは切っても切れないリンクがある。性別や男女のことはこれからたくさん述べることになるが、本書の大きなメッセージの一つは、これまでの歴史では男の方が尊いとされてきたが、これからは男女平等な社会・宗教観の時代になり、本書は特に女性的特徴というものがいかに尊いもので聖なるものかを説いていく。

キリスト教などの大きな宗教では、創造主の神は男性とされているが、筆者の意見では神とは二つの異なる性別の特徴が融合されたものである。神は男女両性といえよう。

男と女のどちらが価値があるかとなると、それは「均衡」という言葉がふさわしい。「同等」や「平等」という言葉を使えば単純過ぎるので真理にならない。二つの性別には違う特徴があるという意味で、それぞれの違う役割を尊重した上での平等のことを「均衡」という言葉で表す。世の中にはいろんな不平等があるが、目に見える明らかな不平等は一時的なことにすぎない。均衡こそ真理なのだ。

回 霊が本来の現実であり、死ぬ時が覚醒である

この時点で、二つの重要な方向に向かって書いていかなければならない。

その一つは、「神」とは何か、存在の根源とは何か、である。

そしてもう一つは、この地球や他の地球に似た星々の存在の意味と役割とは何か、である。

今はまず、二番目の方向に行くとしよう。

地球という惑星は、人類の築いた文明社会の中で例えると幼稚園や小学校のような役割を持っている。あるいは、ただ「学校」ともいえる。ほとんどの人間は、神として成長するための初段階にいる。その初段階とは、地球という惑星で生まれ、死に、あの世へ行き、また同じ地球で生まれ変わるというプロセスを継続することである。要するに、人間として輪廻転生を繰り返していくうちに、学生が卒業をして社会人になるように、人間から神へと成長するわけだ。

そして、神としての成長もそこでは止まらない。人間社会でも、学校を出たところで成長が止まることはない。それと同じように、一段階を終えて、新たな成長が始まる。

人間の子どもも人間であるという視点から見れば、神の子も神であることになる。そして人間に、あるいは生命体に生死があって、その先に霊・魂として新たな道があり、全てがサイクルであるように、神には神の生命のサイクルがある。

人間が死んで生まれ変われば再び赤子になるのと同じで、神は神のサイクルを終えれば、再び人間として地球で輪廻転生を繰り返す神の子となる。

生命には睡眠している時と覚醒して行動している時の二つの状態を行き来するサイ

クルがあるが、この「睡眠」と「覚醒」の行き来は、もっと大きなレベルでも存在する。生きて地球にいる間は睡眠をして、夢を見ている状態である。死を迎え、別の世界へと霊・魂として旅立つ時が覚醒する時である。物質的現実は実は夢で、全ては霊であることが本来の現実だからこそ、地球での暮らしは夢で、あの世で目が覚めるという見方が正解である。ただし、地球に住んでいる人間にとっては、霊や魂、神のことの方が夢のようで、日々の仕事や暮らしのことの方が現実と感じるだろう。

霊・魂として存在するあの世が昼だとすれば、この世は夜。昼と夜が過ぎていくと、年月がたつ。そうやって、人間は生まれ、死に、歴史は進んでいく。

神にもまた大きなレベルで年月というものがあり、およそ90年がマックスで、それぐらいになると成長を終えた神は再び神の子となる。これは永遠に続くもので、全ての神の存在は無限なのである。

ところで、今述べている神は、「光」とは別の種類の神といえる。筆者が体験した光は「全」であり、成長のサイクルの中で永遠に存在し続ける神々は「個」ということになる。

死ぬことは悲しい、あるいは恐ろしいことであるのは間違いないが、生命には無限のサイクルがあるのだと理解すれば、自分はただ肉体を持っているのではなく、霊として存在し続けるのだと思うことができて、安心できるかもしれない。愛する人の死も最初は悲しいが、この霊的知識を用いてその悲しみも癒やされることにつながるかもしれない。お墓参りにも意味があって、実際に亡き家族や友人とつながることができる。

ここまで述べたところで、当然読者はいろんな疑問を持つかもしれない。特に、人間が90年生きてから死んだら次はあの世に行くのだと理解はするが、神のその「大きなレベルの90年」の後は、「神のあの世」はあるのか、それともすぐに人間・神の子になるのか。実は、筆者はそこまでは理解していない。本書の役割は、霊的知識という非常に深いトピックの門を開くことだと思っていただければ幸いだ。人類が新たな時代を迎えていけばいくほど、新たな悟り、より深い理解を持った人が現れるだろう。

ここで、生死のサイクルのレベルに1、2、3と数字をつけてみよう。

レベル1　地球生命体、人間の生死。睡眠と覚醒状態を繰り返す。
レベル2　霊としての生命。このサイクルは輪廻転生を繰り返すこと。
レベル3　神としての生命。これを終えると再び人間・神の子に戻る。

回 無神論者も有神論者も同時に正しい

前項では、二つの方向のうちまず二番目の方向に行ったが、今度は一番目の方向に行ってみよう。

「神」とはなにか、そして存在の根源とは何か。

睡眠と覚醒の二つがあるのと同じように、存在に対しては無という対照がある。実際には、存在とは、何もなく、奇跡や夢のようなものだ。しかし、無と存在は両足のようにバランスを保ち歩いて進んでいくような仕組みになっている。

無と存在が両立するというのは、神の存在についても同じである。つまり、無神論者も神の存在を熱心に信じる人も、同時に正しいのである。無神論者は、存在全ては自然に起きている事象であり神によってもたらされたのではないという意見を持つが、実は筆者もある意味それに似た意見を持っている。何事も礎（いしずえ）というものが非常に大切である。大工も、家を建てる前に家の土台を造る。無は宇宙空間の中では礎である。空間という無がなければ、天体は存在することはできない。空間の無は礎。血管も、中に空きがなければ血液は身体を循環することができない。

無が礎であることは、他にも例がある。例えば断食。断食をすると体の免疫力が上がり、実際に食べ物を身体によりよく吸収できるようにするための準備の働きをもたらす。

瞑想でも無が礎として働く。意識を無にすることで集中力が研ぎ澄まされ、落ち着くことができる。あるいは、ただ休むこと。休むことは働くための礎。また、良い睡眠も健康に良く、生活の礎と言えよう。

同じように、存在がないことは存在が奇跡的に存在することの礎としての働きを持つ。

こういった二つの異なるものが二脚のように働くことは、全ての仕組みである。自然でも、機械でも。二元性はシステムであって、自然も機械もどちらもシステムであるゆえ、全存在のことを自然にも、そしてある意味機械にも例えられる。そしてこのシステムそのものに「神」という言葉を付ければ、有神論は正しいということになる。

しかし、神は二元性システムのことだけではないことが真実に含まれている。つまり、人格を超えた「神格」を持ち、霊体を持ち、意識を持つ神々の存在もあるのだ。創造主・あるいは創造主たちは存在する。ただし、それらは二元性システムというものから生まれているといえよう。

「創造主」と「創造主たち」、単数と複数を両方言うのは不自然に聞こえるかもしれないが、両方言う理由としては、一神論も多神論も同時に正しいからである（無神論もだが）。「単数」と「複数」もまた、二元性システムの現れである。

回 アビスが唯一無の中で存在できるものを生んだ

存在が全くなく、ただ無であったとき（しかし「無が存在する」ということはすでに無という何かが存在するわけで、ある意味矛盾、ある意味奇跡が起きていることになる）、その無はアビスのようであり、アビスは苦しみをもたらした。この苦しみは、何も存在しないことから来る苦しみであり、そこから何かを存在させるための勢いが発生した。このアビスが生んだのは唯一無の中で存在できるもの。それは、実際の存在とはまた遠く、抽象的なものであった。

何が生まれたかというと、数・数値である。この時点では、まだ存在があるとは言えない状態で、数値はひたすら計算した。その計算の勢いがどんどん増していって、水が沸騰する時のように、数値はやっと何かに変化した。この時に、初めて「意識」が誕生した。

この数値から意識への変化は、アルバート・アインシュタイン博士の説いた物質とエネルギーの関係に似ている。物質はエネルギーそのもの。エネルギーが固まりとなり、物質となる。先ほど述べた数値から誕生した意識が初代、一番はじめの神と言えるかもしれない。ただし、根源は数という抽象的なもので、さらにその前は苦しみのアビスであった。宇宙万物、自然界も機械、道具、全ては数学と必ず関係を持っている。音楽などの芸術もそうである。存在のはじめには苦しみがあり、存在のために抽象的数値が誕生したが、神・意識に至ったプロセスは闘いに似ている。人類の文明に闘いや苦しみが多かったことは、万物創造の根源の鏡なのだ。

回人それぞれが価値観や知恵を持っていて、世の中は価値に溢れている

ここでこんな疑問を持つかもしれない。

「じゃあ、見たという神の光は、今言った数値から生まれた意識と同じなのか？」

これに対する答えに行く前に、もう一度伝えたいのが、本書は霊的真実への門を開く役割を持つものであって、悟りや神に関する知識は非常に奥が深いということである。


そして、理解するには意識を使うものだが、真の理解は言葉ではなく、非言語的なものである。意識には言語的な理解、そして非言語的な理解がある。筆者は、非言語的に悟りを得て、それを言葉にして読者に伝えようと努力をしているが、言葉は抽象

的なものなので難しいところもある。

他にも言わないといけないことがあり、それは人びとや生命の価値に関することだ。全ての生き物、そして人間の価値は平等である。あるいは、平等となると単純なので、「均衡の状態を保っている」という言い方が正しいだろう。

筆者は、真の悟りを得たことで他人より優れているという偽りのメッセージは送りたくはない。本書が、筆者と読者の間で上下関係をもたらすのはおかしいと思うからだ。皆、平等。あなたも神。本書の悟りは、皆のもの。また、いろんな人がいて、人それぞれ己の価値観や知恵を持つ。世の中は価値に溢れている。

ここから三つの方向へ行ける。

1. 筆者の正体、役割とは？
2. この狂ったほど不平等な世の中にどうやって平等があるのか。
3. 神の子は神になったら何をするのか。

この三つの方向をこれから探究していくのだが、その前に、第1章のはじめに見た神の光と数値が変化した意識が同じなのか違うのかの話に戻ろう。

2011年1月26日に見た光は、われわれの住む宇宙・マルチバースそのものであった。数が意識となったとき、世界はまだ存在しなかった。

意識は何をしたのだろうか？　意識は言語と言葉による理性を発明した。ここから意識は複数となったが、この新しい意識は女性的であった。この複数の意識は意識によって女人の形をとり、話し合った。この時、危機があった。世界がないという危機。世界やその世界に住人などがいなければ話にならない。この複数の女人の形をとった意識は、話というものに重要性を感じた（万物の創造の目的は「話」、すなわちストーリーのためと言ってよい。人類の歴史というものは偉大なストーリーとも言える）。この女人たちは人という存在、そして地球という惑星に住むことで人生が幸せな物語になることが良いと判断した。

ただし、幸せだけだと、それを支える「礎」という非常に重要なものがなくなってしまう。そこで女人たちは考えた。世界が終わってしまうかもしれない危機を乗り越えるという盛大なストーリーを――。

苦しみ、戦、不平等、毒化等の大問題を持った人類がそれを乗り越え、正しい世の中を築き上げ、神へと成長するシナリオを想像した。この女人たちの数は数え切れず、ここから無限に数え切れないほどのマルチバースの創造へと向かっていった。そして、われわれの住むマルチバースをいよいよ作るとなったとき、このマルチバースを担当していた女性的意識は、複数から単数へとなり、男性へと変化した。この男性的存在は、マルチバース構築の課題を背負っていた。

この存在は、何をしたのだろうか？　この存在は、マルチバースの存在の礎を築いた。どう築いたかと言うと、無限の苦しみに自らの意思で陥ったのである。しかし、それを機に、光の創造主に成り遂げたのだ。

回 現在は皆が悟りを得なければならない時期である

今、われわれは創造主たちによって作られたストーリーの中にいる。われわれは経済的、社会的、そして環境的危機の状態にいる。しかし、この危機は未来がバランスと秩序のある明るい未来になるためのもの。歴史的大転機と言えよう。

なぜ、無限の苦しみが必要だったのか？　この必要性は結局、生命や意識を持つ者が皆一つであるということにある。皆、神なのだ。ニューエイジ思想にある「ワンネス」という言葉は、全て一つであることを意味する。

しかし、われわれはできれば、ただ全であるのではなく個々として分かれていたいのだ。そうでないと話にならないからだ。そして全を個に分けるために重要なのが苦しみや痛み。たとえ神が宇宙やマルチバースを創造したところで、神と人類が基本的に別々の存在であることが成し遂げられていなければ、そのワンネスとして皆を統一している奥底の意識が、ネガティブ思考になってしまう。個々の存在が現実として感じられなければ、美しく幸せな世の中を創造したとしても、「結局一人で遊んでいるだけだ、これは寂しい」、というふうに落ち込んだ状態になる。光の創造主となる前の存在は、美しく幸せな世界を、そのための礎を用意せずに先に創ったことでその苦しみに陥ることになった。おそらく、無限の苦しみとは無限の落ち込み・寂しさなどのネガティブな気持ちに似た状態になることなのだろう。そして、この地球も、戦争などで十分に苦しまず、すぐにパラダイスの世界になってしまったなら、この無限の苦しみの状態に入ってしまうのだ。今まで本当の霊的真実が、ある程度隠されてきた理由の一つとしては、これを知ってしまうと戦う気分でなくなる恐れがあるからでもある。

ただし、現在は皆が悟りを得なければならない時期なのだ。先ほど述べたマルチバースを構築する役目を持っていた男性的存在は、まず地球文明を戦や不平等のない楽園として礎のない状態でつくってしまったため、結局全部自分だけなんだという孤独感が盛大なスケールでの鬱になり、世界も崩壊し、それがあまりにも勢いがあったため無限の苦しみとなった。

その道をみずから選んだのだが……一つ気になる点があるかもしれない。それは、この無限の苦しみが存在の根源であった無のアビスの苦しみと比較して、どちらが苦しいのか、という点であろう。無限という数値は量であり、質とは別である。質は、時には量をしのぐアビリティを持つことがある。

しかし、もしかするとこの二つの苦しみを比べるとすれば、「均衡」という言葉がふさわしいかもしれない。筆者は真の悟りを得ているが、それでもはっきり分からないところもある。とにかく、無限の苦しみからマルチバースの神が誕生し、この神は光であられた。この光が、本章のはじめに話した光のことである。無限の苦しみが発生したため、無限のマルチバースを作る礎がやっとできた。

そして、光は万物創造にとりかかった。創造するものは全て己から来るので、万物創造には己を愛するという気持ちが資源ともなった。神は全てであり、愛そのものであることによって、その愛が全てを存在させる力になる。同じように、人びとも各人が己を愛することが大切であり、神の意思でもあると言えよう。

第２章

無限、有限という二元性について

回 地球人の苦しみと神の大いなる苦しみには無限の差がある

苦しみが創造の根源であり、私たちの存在のために無限の苦しみがあるのだから、天を拝むことはそれにふさわしいことである。筆者は日々、食事の前に天を拝む。もちろん、雨が降っていたらしないが……。食する食べ物自体も宇宙そのものであり、神である。神がいなければ命はもともとないことを踏まえてやっている。

母親は出産時におなかを痛める。仕事でも、例えば大工は力を長時間使ったり危ないことをしたりして、やっと家を建てる。苦しみによって何かを生み出すことは女性的でも男性的でもある。そして、神は父性的であるとともに母性的でもある。これは、無限に存在するさまざまな神々に共通する。

キリスト教は神を父性的存在として説くが、これは本書で述べていることとは一致しない。もう古いと言えるだろう。神は両性なのだ。そしてその両性の神がマルチバースを作るためには、無限というレベルの苦しみを味わう必要があった。数学的には、無限と有限数値の差は必ず無限。われわれ地球人が生きている間、体験する苦しみは、時には人間からすれば大きいかもしれないが、決して無限ではない。したがって、われわれ地球人の苦しみと神の大いなる苦しみには無限の差があるのである。

回 無限数学は霊的哲学と結びつく

無限と有限の差は必ず無限であり、存在の根源は「数値」であること、そしてマルチバースが無限に存在すること、生命のサイクルも無限であることを述べてきたので、ここでは無限数学がどう霊的哲学と結びつくのかということを述べたい。

無限数学の話をするには集合論を見ていかなければならないので、まず「集合」とその「濃度」の話をしよう。

数学における集合とは、いくつかの「もの」の集まりで、そのもののことを「元」（英：element）ともいう。数学的集合の元は大体いつも変数や数になる。例えば集合Aには三つの元：a，b，cがあるとしよう。その表記はこうなる。

A＝{a，b，c}

この場合、集合Aには三つの元があるので濃度（元の数）は「3」となる。この集合はもちろん有限である。濃度の表記はこうなる。

ｃａｒｄ(A)＝3

では、自然数の集合を見てみよう。自然数とは、0から1、2、3、4と順番に数えていくもので、表記するとこうなる。

N＝｛0、1、2、3、4、5…｝

最後の「…」は集合が無限であることを意味している。

読者はGoogle（グーグル）というインターネットの検索エンジンをご存知かと思うが、このGoogleという言葉の意味はご存知だろうか。

10の100乗、つまり1のあとに0が百個続く数字がGoogleなのだ。こんなものすごい数でも一応有限は有限。上に表記されている自然数の集合のだいぶ後に来るが、無限の集合のすごいところは、このものすごい大きな数をもいくらでも超える可能性があるということだ。

ここで、「二つの集合が対等である」こととは何かを見ていこう。濃度（元の数）が同じなら、二つの異なる集合は対等と言える。

例として、A＝｛a, b, c｝　そして　B＝｛x, y, z｝とする。

card(A)＝3　　card(B)＝3

どちらも濃度は3なので、二つの集合は対等だ。表記するとこうなる。

A＝B

ここで、無限の集合同士の対等性について話そう。例えば、自然数の集合は無限の集合である。自然数の集合をNとする。そしてEを偶数の集合とする。Eを表記してみよう。

E＝｛2、4、6、8、10、12…｝

なんと数学の世界では、濃度というものに関しては、Nの集合とEの集合は対等なのだ。それは、どちらも無限だからだ。

card(N)＝card(E)

これは他の無限集合でも同じことだ。例えば、整数の集合とするZ（整数は負の全数、－1（マイナス1）や－2（マイナス2）等も含まれる）や、素数の集合とするP（素数は7や13など、割り算ができない数字のこと）、そして有理数の集合とするQ（全ての分数は有理数）。Z，PそしてQもみなNと対等の濃度、つまり同じ数ということになる。みな無限集合だからだ。

回　実数という集合の濃度は自然数という集合の濃度より大きい

では、実数と無理数を見ていこう。実数とは、すべての数値のことをいう。たとえそれが無理数であっても。

では、無理数とは何なのか？　無理数とは、容易に分数で表せない数のことをいう。例えばπ（3・14159…）、そして2の乗根。数字の乗根というのは、その乗根という数字を同じ数字で掛け算をしたときにもたらされるものだ。例えば、4の乗根は2で、なぜなら2×2＝4だからだ。9の乗根は3。しかし、2の乗根は何になるのだろうか？　3の乗根は？　これらの数字は実数ではあるが、無理数である。無理数を実際に数字で表す場合、小数点を無限に超えていく。

2の乗根　＝　1.41421356237309504880168872420969807856967187537694807317667973799…

小数点からの数字はどんどん永久に続いていく。無限なのだ。

3の乗根　＝　1.73205080756887729352…

小数点が無限に続くことが可能なら、それは無限の元が、たとえそれが何の数であろうと、異なる二つの数の間に無限に入ることが可能になる。

例えば、その二つの異なる数が0と1だとしよう。

0.1234123412341234…

0.45678987654321234567…

0.5555555555555555555555…

0.846129847318472…

これらは皆0と1の間に発生できる数値だ。そして0と1の間に存在できる数を集合とすれば、もちろんその濃度は無限になる。
筆者がなぜ数学や集合論の話をしているか。それは、ある非常に驚かされる数学的事実を読者にお伝えしたいからだ。その驚かされる数学的事実とは、0と1の間に来る実数という集合の濃度が、なんと自然数という集合の濃度より大きいという事実があることだ！　どちらも無限集合なのに、である！（これを証明する数学的なワークはこの本には載せていないが、数学界の中では既成事実）
0と1の間のすべての可能な数をXという集合として表記してみれば、こういうことだ。

card(X) > card(N)

0と1の二つの数値は、二つの点で区切りが出来ている線の場合の二つの正反対の点のように捉えることができる。

この線を使って、四角や立方体（図1）を作ることができる。そして立方体を作ることで、三次元的空間を作ることができることにもなる。

そして、0と1の間に無限の位置の可能性があるように、「空間」というものの中にも無限の位置の可能性があり、この無限は、自然数の集合の濃度より増す。

図を見れば分かるが、位置を示す点を小さくすることで、細かい範囲での位置の差

図1 立方体

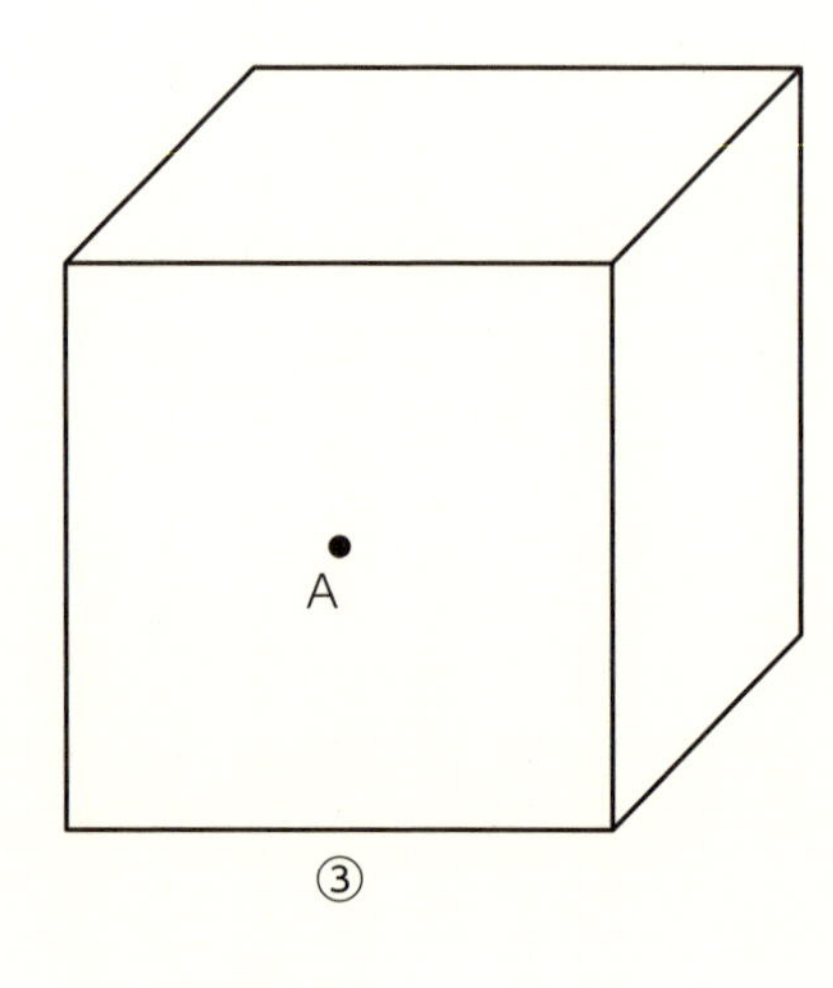

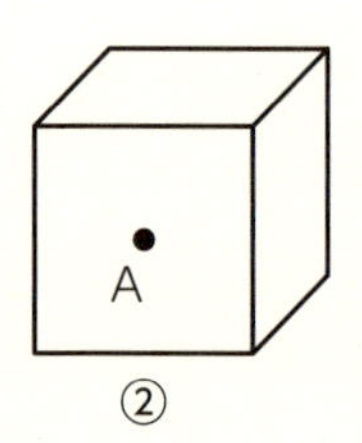

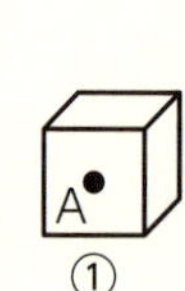

がもっと分かりやすい。空間の細い範囲での位置となると、物理学の領域でもある。空間の中で位置を所有するものは分子かもしれないし、原子かもしれないし、電了かもしれない。もっと小さい、細い範囲にズームインすることも可能だ。

数学的に言うと、もし実数の小数点を空間の狭さに例えるとするならば、先ほど説明した「0と1の間に存在し得る実数の集合の濃度は自然数の集合の濃度より増す」ということは本当ということになる。だとすれば、空間の範囲の狭さを追究していくと無限にズームインでき、そのぶん、この無限は宇宙の広さを増すのだ。そして宇宙がもし無限に広いとしても、それは自然数の集合に当てはまるので、その「無限の広さ」は宇宙空間の「無限の狭さ」に数学的に劣るということになる。

宇宙空間の「無限の狭さ」は、追究していけばいくほど時空の材料である「カオス」に近づき、これが他の宇宙への境目でもあり、霊界にもつながっていると筆者は思っている。そして、新しい宇宙は常に誕生しているので、マルチバース（多次元宇宙）は自然数の集合で見られる無限の漸進のように無限なのだ。

回二元性の中の二つの異なる要素は、意味や価値が均衡の状態である

先ほど説明した二つの種類の無限を、本書の「〇と——」（丸と線）の哲学と結びつけてみよう。〇と——は、存在の根本的法則である二元論の二つの要素を表すシンボルだ。このシンボルが表すものには、例えば「あるとない」「男性と女性」といったものがある。

0と1という二つの数値の間の実数の集合の濃度は存在の〇の要素のようで、自然数の集合の濃度は——の要素のようだ。0と1の間の実数の集合の無限は「深さ」のことで、その方向に行くと存在の霊的な領域へとたどり着き、これは女性的と言える。0と1の間にポケットがあって、そのポケットの中へ無限に行くことができるようなイメージだ。対照的に、自然数の集合は——の要素であり、こちらは男性的だ。

これは、外面的現実とその内面性の二つのあり方と比べることができる。地球には実に多くの人が住んでいる。これが外面的現実である。しかし、この広大さは、一人一人の個人の内面がどこまで行き届くのかということに比べれば、劣ると言える。なぜなら、一人一人に魂があり、前世、前々世と記憶・経験をさかのぼることが可能だからだ。

しかし自然数は、1、2、3と順番に数えていけば、超巨大な数字になることが可能なので、0と1の間に存在し得る実数とは特徴が違う。自然数の方が巨大な数字にたどり着けることは間違いない。

ただし、この二つの種類の無限の濃度の話をするなら、0と1の間の実数の集合の濃度の方が増すので、筆者は一方の無限を「男性的無限」と定義し、もう一方を『女性的無限』と定義する。そして、その二つの無限が別々の特徴を持ちつつ、意味や価値を比べるとすればそれは均衡の状態であることを述べていきたい。

また、男女や右脳・左脳、西洋・東洋と見られる二元性の中にある二つの異なる要素も、意味や価値が均衡を保っている関係であることを、ここでさらに強調しておく。

実数そのものを集合としてみるなら、それは存在し得るあらゆる数字なので、自然数も0と1の間の実数も含み、「個」ではなく「全」の集合となる。0と1の間の実数の集合は、実数という集合からの部分となる。

回 数学的操作によって「全ては無」ということを知らされる

もう一つ、無限数学を本書の霊的哲学と結びづける発想を述べてみよう。数学界では、無限の自然数の集合をヘブライ語の文字である「アレフ」を使って表記するのが伝統だが、ここでは一般的に知られている無限のシンボルを使う。

∞

そして自然数集合の濃度とこれがイコールであることを表記すれば、以下のようになる。

card(N) ＝ ∞

数学では、無限を無限で足し算をしたら、結果は無限になる。自然数集合の濃度と自然数集合の濃度を足すと、結果は同じ無限だ。

∞ ＋ ∞ ＝ ∞

そして無限を有限の数と足しても、結果は無限である。例えば「1＋無限」はこうなる。

∞ ＋ 1 ＝ ∞

では、無限と無限で引き算をすればどうなるのだろうか。普通に考えたら、以下のようになるだろう。

$$\infty - \infty = 0$$

しかし、数学界では無限では引き算ができないということが事実とされている。なぜかと言えば、数学的にナンセンスなことが発生するからだ。これは、どんな方程式でも、両側に同じ数の操作をすれば、その方程式は正しいという数学における概念から来ている。

例えばこうなる。

$$1 + 1 = 2$$

$$1 + 1 + 1 = 2 + 1$$

あるいは以下のようになる。

$$a + b = c$$

$$a + b - d = c - d$$

よって、もし　$1+\infty=\infty$　が正しく、かつ　$\infty-\infty=0$　も正しいとなると、次のような、ある「矛盾」が発生するのだ。

$$1 + \infty = \infty$$

$1+(\infty-\infty)=(\infty-\infty)$

$1+0=0$

$1=0$

数学、そして科学の世界ではこれは変なこと、不可能なこととされているので、無限で引き算をすることは、例外として、基本的に扱われていない。

しかし、霊的哲学の視野で見てみると、上記の「∞」の操作によって見られる1＝0は何か大きな真理のヒントになっているのではないかと筆者は思う。要するに、存在が無限だとして、その存在を全て数学のように「引く」とすれば無になるが、このような数学的操作によって知らされているのは「全ては無」であるということではないだろうか。

その操作は「1」という数には限定されず、どんな数でも0にイコールする。存在する全ては実は無……本書の「○と――」（丸と線）の二元性の考え方の鏡のようなものであって、他の宗教でも存在の根源は無であると主張していると考えると、やはりこれには意味があると思える。1＝0、すなわち「ある」と「ない」は同じ。そして存在の女性的要素と男性的要素もまた鏡同士である。

どんな有限の数を無限と足しても、イコールする結果は結局無限。これは、無限からいかなる有限の数字で引き算をしたとしても、イコールするのは無限であることも意味する（例：∞－1＝∞）。本書では、神は無限の苦しみを耐えることで多次元宇宙を創造することに成功したと言っており、われら人間たちの苦しみも、植物の根っこのように成長の礎であるとも言っている。

人類の苦しみは、未来の秩序のための礎であって、戦争などによってこの根っこを成長させないと、世界は礎を失い、無限の苦しみの状態へと落ちてしまう。この無限の苦しみだけはなんとしてでも防がなければならず、いままでの人類の苦しみは、われらを神が自分のみ耐えるべきものとする無限の苦しみから守っているのだ。

輪廻転生を繰り返し、地球で生きることにより経験する苦しみは、ものすごい苦しみであったりするが、数値を与えるとすればそれはやはり有限的なものになり、それは神の無限の苦しみとは無限の差がある。

したがって、一時的に「根っこ」を成長させることは重要なこと、必要なことであって、今は神から与えられてきたその試練を卒業しようとしている段階であり、芽を出すめでたいタイミングなのだ。そして、無限の苦しみを耐えることで万物を創造した神の深遠なる愛の行為に対して、拝んだりすることで敬意を示すのもまたいいことである。

無限である神の大いなる苦しみを「量」と「質」の観点から考えてみよう。痛みや苦しみは、ただの数字のように純粋な量・数のことではなく、質というものがあるというのは言うまでもない。

ほとんどのものには量と質の両方がある。今述べた「無限の苦しみ」は無限という量があるということだが、本書の最初の方で述べたように、存在の根源である「無のアビス」から数値が発生して、それがどうにか勢いを増し、水が沸点に達するように、それは「意識」と化した。

数値が意識と化す前は、「無のアビス」には苦しみしかなかった。この苦しみは計量できるようなものではない。

ちなみに、本書ではこれからさまざまな「〇の要素」や「―の要素」の話をしていくが、その中で、西洋は「量」の要素であり、東洋は「質」の要素であるということについても述べていきたい。例えば、東洋の食事は「質」の要素が高く、西洋人からすれば神秘感を感じさせるものがあり、それに比べて西洋の食事の味は分かりやすく、料理の出来や味にレベルをつけるというような計量的な意識がそこにある。

この無のアビスの苦しみは、どちらかというと「質の要素」に属するものなのだ。この「質」が、では一体どのようなものなのかと言うと、それはバランスの不在であると、霊界からメッセージが来て教えられたことがある。やはり謎が多く、神秘的で、人間には理解するのは困難なものなのであろう。

回 戦の世は、未来の楽園の世のための準備である

ほとんどの人間は神の子で、地球は学校のようなものだと述べたが、筆者の魂の奥には「神我」という自分の根本の個の神としての存在があり、それは別の地球で神になるための成長をしているようである。

神我、神は多種多様のようだが、筆者は「武神」らしい。人類は、歴史的に見ると、戦を繰り返してきている。戦の世は、未来の楽園の世のための準備であって、この準備のために武神はいろいろな地球へ送り込まれるようであるが、別に武神でなくても戦はできる。

ほかの種類の神も、人間を卒業したにもかかわらず、人間として地球で輪廻転生することもある。その中で、戦を手伝うのは武神のみではないようである。戦とは、植物の成長で比べると、根っこと同じ役割なのだ。植物が本来向かっていく成長の方向とは真逆の方向に根っこは成長する。それがその植物を支えることになる。つまり礎だ。

痛みは魂同士の分別を強める力がある。前にも説明したが、全ては一つであり、神の目的は皆がきちんと分別されることである。そして、そのように分別されることにより初めて幸せな世の中が築けるということである。

根っこがなければ植物はバタンと倒れるが、世界の場合は、戦ばかりしてきた時代がなければ、後で崩壊する。崩壊すれば無限の苦しみに舞い戻るので、戦の時代は必要なのである。

やはり、無限の苦しみを避けて、有限の苦しみを選ぶしかない。根っこの時代（本書では「逆道」と呼ぶ）が終われば、人類は楽園・浄土へ向かっていく。それが本来の人間の正しい道なのである。逆道の時代のうち、人びとの状態は輪廻転生しながら振り子のように苦しみと楽を平等に行ったり来たりする。

「楽もあるからいいのでは？」と思う人もいるかもしれない。しかし、逆道は決して光輝く正義の道ではなく、むしろ闇の道と言えよう。逆道の苦しみと戦いは、創造の根源である苦しみと闘いの鏡であり、地球が理想的な文明社会になるための重要なステップなのだ。

しかし、今は大転機の時であり、楽園・浄土の時は近づいている。よって、「ハレルヤ（Hallelujah）」を歌うなど、なんでもいいのでとにかく賛美するのがいいかもしれない。

回 逆道の経済社会構成は木である

次に、全ての生命の意味や価値は平等であるということについて述べていこう。逆道では、輪廻転生を通して全ての人は同じぐらいの苦しみや楽を味わうようになっている。正確に計算されていると言ってもいい。そして、この不平等の時代から正しい均衡の時代へと移り変わる。新しい時代では経済社会の構造がもっとフラットになり、貧困が解決される。人はこれに共産主義という名前を付けたがるかもしれないが、実は共産主義も資本主義も二元性のもの同士で、同時に存在したり、交ざったりするのが普通であり、理想でもある。

現在大活躍しているムハマド・ユヌス氏のことを、ぜひ調べていただきたい。彼はノーベル平和賞受賞者で、貧困をなくすために社会主義と資本主義をミックスした「ソーシャル・ビジネス」と言われている種類の事業をしている。

現代社会の経済構成は木に似ている。上は栄養を吸い取り、毒を下に流す。下は毒を受け入れ、栄養を差し出す。木の実は支配者、土は奴隷だ。われわれの経済社会は、徐々に木から園のような経済構成へと変化する。

木と園で、ピンと来た読者もいるかもしれないが、これは聖書に書いてある「知識の木」と「エデンの園」を連想させる。アダムとエバが禁断の実を食べてエデンの園から追放されるというのは、人類全体にはるか太古の時代に起きた出来事を表しているのである。

回 複数は自然で、相互関連性も自然である

さらに、個の神とは何か、そして個の神は何をするのか、について述べたい。

神は、まず人種を越えて神種である。それは、人間が「分別型」なら神は「融合型」ということで、全ての人種が融合されたのが神種である。

それだけではない。人間以外の地球生命体の何かも取り入れていることも多い。そして男か女かというよりは男女両性でありつつ、どちらかの性別でもある。仏像などを見れば、仏に腕が六つあったりする。それは、その仏が昆虫型だからだと筆者は解釈している。

神の多くは、世界を作ることができる。人間社会で会社を作るのと似ているのだろう。神々の作った世界というものが無限に存在する。それらの世界は、われわれの住む宇宙やマルチバースのことを言うのではなく、それと結びついてはいるが、離れた

次元に存在する世界のことを言う。神の子は、卒業後、これらの世界を探究する旅に出かけたり、自分で世界を作ることも可能になる。

人間には魂があり、その向こうには神我がある。では、この神我の向こうには何があるのだろう。全ては自分自身であることはもう何度も述べたが、神我の向こうにはさまざまな「自分」の層がある。その層をどんどん深くいくと、マルチバースの神にたどり着く。

筆者は、光を見たニルヴァーナの後、魂があの世にいた頃の記憶を思い出したりした。あの世は文字通りこの世の反対側であった。そこである神と会話をした。その神の説明によると、真の宗教観とは神道とシャーマニズムに近いらしい。

そして、相互関連性、英語で言う interconnectedness（インターコネクテッドネス）が大切だというメッセージも届いた。相互関連性はペイガン教などでも重要な概念となる。意識や生活というものは、自然に複数的なもので、それらの要素はつながり合っているのだ。人は皆複数の人を知っていて、字が読める人なら複数の本を読んだことがあって、日々複数の体験をする。複数は自然で、相互関連性も自然ということである。

回 人間は複数恋愛が自然である

もう一つ、重要な悟りを得たのだが、それは、人間は、そして時には生き物も、複数恋愛が自然であるということ。特に、ある年齢に達すると、人は複数の人に恋愛感情を持つようになる。複数結婚は合法化されるべきというか、いずれ合法化されるであろう。これは男性だけでなく、女性も複数の結婚相手を持つ権利を法的に持つことになる。

なぜこれがＯＫ、あるいは自然かと言うと、意識や心は本来複数的であるからだ。あの世とこの世があるように、あるいはテーブルには四つの足があるように、複数の関係はバランスをもたらす。関係同士が支え合う。

ただし、「単」と「複」のバランスを取らないといけないので、複数の関係を持ったとしても、それぞれの関係は一対一として成り立たせ、大事にしなければならない。そしてスケジュール上、全ての異性と付き合うことは不可能なので、単に欲張るのではなく、パートナーは賢明に選ばなければならない。

すでに、インターネットなどによって世界は高度な相互関連性のある体制をとっているが、未来に複数結婚が一般的な風習になる頃には、さらに高度になっており、複数結婚はその要素の一つとなる。複数結婚があれば、人と人との和のネットワークで世界が一つの家族であるという意識にもなり、ワンネスにたどり着ける。テクノロジーの方でも、宇宙社会という今では想像しにくいハイレベルな相互関連性を可能にさせる（もうすでに宇宙社会はあるが……）。きっと未来では霊能力と物質テクノロジーが融合され、それが宇宙規模での通信を可能にするだろう。そうなるには、サーバーやルーターだけではなく修行者・瞑想者の力が必要となる。なぜなら、念波というものも、現在携帯やインターネットの使用を可能にしている物理学的「波」と似ているからだ。ただ、現在の科学の領域を超えている。こうやって、どんどん文明は高度になっていき、複数結婚はその要素にすぎない。

ただし、複数結婚は強制ではなく、一夫一妻の方がいいと思う人は自由にそうすればいいし、パートナーがいらない人も自由にすればいい。複数恋愛を「浮気」と全く同じことだとほとんどの人は思うかもしれないが、それとは違いがある。

その違いだが、オープンに相手から他のパートナーを持つ許可を得ていれば、信頼は壊されないが、オープンでない場合、裏切りとなって信頼が壊される可能性がある。恋愛とは、自分が満足することを優先するよりは、自分の愛する人がより人生で満足できるよう願うことの方が真の愛かもしれない。それは、決して他の愛人・パートナーを持つことだけではなく、例えば夢を追いかけさせてあげる、相手をむやみに否定しないといった愛のこもった一般的な言動も含む。一般的なことを含むからこそ「複数」なのである。

なお、筆者は一夫一妻制を否定したいのではなく、あくまでも未来に複数恋愛と複数結婚が当たり前になる時代が来るという予言をしているだけということも、念のため読者に伝えておきたい。

恋愛関係を持つとき、（恋愛に）とらわれ過ぎると、それは「複」でなく「単」になってしまう。とにかく、相手の幸せを願うことである。それが神の願いでもあるのだから……。

第3章

筆者自身の体験による禊ぎ払いの経緯について

禊ぎ払いとは魂を曇りから解き放つ霊的プロセスのことである

禊(みそ)ぎ払いは、2001年9月11日のテロ事件が発生したすぐあとに起こり始めた。母親が、アメリカ北西部にあるワシントン州のウイドビー島の実家から、高校を卒業したばかりの筆者を、車でベリングハム市の大学のキャンパスまで送ってくれていた時に起きたのである。

何が起きたかと言うと、これはおそらく一般では「パニック障害」と言われるものだろう。これは、大学生活の間、自分を呪うであろうという症状となり、大学を次の年に中退して日本に帰ってからもなお呪い続けた。

これが霊障であることは、後から知った。霊障と言ったが、大学生になってから10年ほど後に、霊障で悩んでいたところ、奈良県生駒市と東大阪の境目にある石切という場所に行って、必死な思いで霊能者・占い師に相談した。その霊能者・占い師に教えられて、自分が「傷の星」と言われている星とつながっていることが分かった。傷の星とは、つながった本人を霊媒体質にし、邪霊に呪われやすくさせるらしい。

ここで、「禊ぎ払い」の意味が分からない読者のために説明しておこう。

禊ぎ払いとは、前世などの過去において積んだ悪徳が魂を曇らせているのを、苦しみによってその魂を掃除し、曇りから解き放つ霊的なプロセスのことだ。聞いた話からすると、魂に曇りがない状態では、人はカルマの法則により幸福になれる。しかし、曇っていると、不幸なことが起きる。輪廻転生というもろもろの魂の死に変わり、その生まれ変わりの全体的プロセスの中で、勝者は悪徳により一時的に幸福を得、敗者は一時的に不幸になる。しかし、これは一時的なことで、輪廻転生の全体のプロセスを見ていけば、もろもろの魂は対等に幸福も不幸も体験しているというセオリーであることも読者の方々に伝えておきたい。

回 意識と体のつながりや二元性を感じるようになって悟りが始まる

大学のキャンパスで容易に手に入る大麻草により、症状が劇的に悪化することがあった。大麻草の精神作用の影響を受けながら、子どもの頃から弾いていたピアノで即興演奏をしていた時に自分が左利きであるということに気づいた。

右利きの人には理解しづらいかもしれないが、当時の自分にとってこれは大きなショックであった。一般人と同じ右利きであると長年思っていた事実が事実ではなく、左利きであるという新しい事実を意識と体を通して確かに実感していた。

これが、先ほど言ったパニック症状とともに禊ぎ払いの一つとして加わる地獄になってしまったのだ。医者から言われたのだが、大麻草の影響でよくある症状の中に、意識が分裂してしまうというのがある。まさにあの時そういう状態になっていた。そして自分が左利きであるという発見が、体の一つ一つの部分の動きを観察するという意識的行動につながったことが、その分裂という状態とまざってしまい、より地獄を恐ろしいものにしたのだ。

大麻草の影響によって、意識・体の感覚の分裂（大麻の影響でパニックも倍増することがあったが）、そして利き腕のことを何かにとりつかれたかのように気にするようになってしまった。これらが重なることで、意識と体のつながりや二元性を肌で感じるようになり、本書のメーンのテーマである「〇と——」（丸と線）の二元性の悟りが始まり出したのである。

分裂しながら、体の左側が慈悲を感じていて、右側が愛を感じていることが分かるようになった。これを経験している時は、今思い返してみれば、霊的な存在からのささやきが影響していたと思える。分裂した意識を、体を通して感じている最中、何らかの霊が、左側は慈悲であり右側が愛であるというひらめきをもたらした。大学を出るまでには、なぜか左半身の意識的特徴と右半身の意識的特徴のリスト（１０１頁図４）が書けるようになっていた。

そのリストの一番上にくるのが、左半身の意識の象徴の役割を果たす○（丸）と、右半身の意識の象徴の役割を果たす——（線）だった。自分の発想のようでもあり、ある意味、天から降ってきた、自分のものではない謎のひらめきのようでもあった。

左利きであるということが分かってから、右脳と左脳の違いについて、とても気になるようになった。右脳と左脳とは、体の左右とクロスするように神経がつながっている。したがって、右脳は左半身とつながっており、左脳は右半身とつながっている。右脳と左脳は特徴が違う。よく聞くのが、右脳はクリエーティブで、左脳は分析をするという違いがあるということ。体を感じてみると、エネルギーが胸の左側、そして頭の左側（特にこめかみ当たり）に集中していて、頭の右側や胸の右側ではあまり感じなかった。

今では、そうした体験を以下のように理解している。

1. 体で感じる意識・エネルギーは、脳の現れである可能性が高く、体で感じているエネルギー・意識のゆがみ等の特徴は、脳の状態の現れであること。

2. 自分のこの意識・エネルギーのゆがみは、子どもの頃、自然に左利きだったのが、周りの影響で右利きの人のように右手でなんでもするようになった結果、脳が変形して、その様子が感覚によって現れているということ。

3．この変形は、ブッダやイエス・キリストが持っていたものと同じ……つまり彼らも同等に、左利きだったのが、右利きの社会に生まれたせいで右利きの人と同じように右手を使って、脳が変形したということ。

まず、右利きの人の場合、脳の左半球が右手を操作するように脳が出来ている。ここで重要なポイントなのが、右利きの人というのは、単に右手が利いているのではなく、右半身全体が利いているということだ。これは右手の他、右耳、右目、右足などすべての右半身の部分が主に利くように出来ているということで、体をめぐるエネルギーも、右半身の方が強いと言えるであろう。

なぜこのポイントが重要であるかというと、要するに、左利きの人の場合、利く半身・脳半球が逆なので、右手を使ってペンを操作しても、それについていく利き眼は左側であって、それが体に巡るエネルギーのゆがみをもたらすのだと筆者は考えている。いや、体で実感している。筆者も、このことを研究している多くの博士らも、この利き眼が反対の腕と無理やりコーディネートされることにより、多くの人はディスレクシア（dyslexia）になってしまうと考えている。ちなみに、ディスレクシアとは、知能的障害は特にないのに、なぜか、文字を読んだりすることが困難になってしまう障害のことだ。筆者自身も実感する時がある。

回 聖者たちには、ある意味サヴァン症候群の症状がみられる

ともかく、左利きの子どもが、正しく左手を使わずに、右手の使用を強制されながら育つと、エネルギーの循環が普通の人と異なるようになり、脳の中でも異変が起きる。

左利きの子どもが右手を無理やり使わされるとなぜ異変が起きるのかというのは、左利きの人が基本的に右利きになれないことにあり、右利きの人も左利きになれないという、まるで利き腕が性別のように完全に二つに分かれているという現実があるという原理からくる。

左利きの子どもに、学校の先生や親が無理やり右手を使わせれば、その子の脳の左半球が右利きの子のように上手に働くことは不可能なのだ。どうなるかというと、主に使う脳の右半球が、本来左半身を支配するはずが、無理やり右手を支配するような動きを取ると筆者は考えている。

たとえ左利きだとしても、一応、脳の左半球はしっかりと体の右側を支配するようには出来ている。ただ、右手を利き腕のようには扱えないということだ。左利きの子

どもが無理やり右利きの子と同じことを強制されれば、逆に、脳の左半球が正しく右半身を操作しなくなり、右脳の方で無理やり操作するという動きが発生するので、右脳と左脳の発達に差をもたらす。

単純に言えば、左脳が縮み、右脳が膨れ上がると言ったところだろうか。そしてこれが、ブッダやイエス・キリストの脳の構造がどうだったのかのいうことにつながり、右脳が左脳より発達している状態になったことで、愛より慈悲が強くなったという説明につながることになる。

「サヴァン症候群」という言葉をご存知だろうか。サヴァン症候群とは、知能障害・発達障害を持つ人が、違う分野では優れた才能を持つことを言うらしい。愛が縮み、代わりに慈悲が大きくなった聖者たちは、実はある意味サヴァン症候群という部類に入るだろう。

お釈迦様は、実の息子に「束縛者」という意味の名前（ラーフラ）を付け、城に残し、救世の旅に出た。お釈迦様は、おそらく左利きだったのだが、子どものころから右手を使うのを強制され、それで脳が変形したのであろう。お釈迦様という人は崇高な志を持つ行動を取ったが、その半面、実の息子に哀れな名前を付け、自ら育てるよりは城を離れる決意をしたというのは、愛より慈悲が強かった、愛より慈悲を選ぶような脳をしていたことを物語っているようだ。

イエス・キリストも同じような脳の変形をしていたはず。実はこれが、「神はアルファでありオメガである」という、聖書に出てくる言葉の本当の意味とつながってくる。アルファはギリシャ語の文字でははじめに来て、オメガは最後に来る。アルファとは崇高、一番上を意味し、オメガとは、単にアルファベットの後ろという意味を持つのではなく、一番下という意味合いを持つのだ。

回どんなに神様・仏様を大事にしていても苦しみから逃れられない

禊ぎ払いの炎で焼かれていた大学生の頃の筆者の話に戻ろう。右と左の神秘的な関係を悟り始めた筆者は、パニックになりながら何を決意したのか。

それは、大学を中退して、ミュージシャンになることだった。その決意の勢いはすさまじく、心は列車のように一直線にその目標へと向かっていった。行き先は大阪府高槻市にある音楽学校で、そこでジャズピアニストになる修業をすることになった。

ここで読者に伝えたいポイントは、当時、ミュージシャンになるというミッションで熱血していた筆者は、「音楽のため」でもなく「人様のため」でもなく、完全に自分自身のためだけに、音楽というものをツールにして大いなる栄光を得ようと狂ったように図っていて、その志はあまり芳しくはなかったということだ。

　心のどこかでイメージしていた結果は、音楽家として成長した暁には多くの人を音楽で自分を崇めるように洗脳することであった。いい意味で素晴らしい音楽の世界を体験できるサービスを提供するという気持ちを持っていたのではなく、イメージしていたのは、麻薬でハイになっている人を音楽でとりこにして、自分を神のように見てもらうことだった。目指していたのは魔王のようだった。

　列車のような勢いで練習を日々重ねたが、禊ぎ払いは続き、プライベートでの複雑な出来事もその火に油を注ぎ、ピアノはやめることになり、かわりにもだえ苦しみ続けた。

　人は、救いが必要だと必死に思うようになると、もしそれで助かるならなんでもいいからやってみようと思うようになるのかもしれない。そういう状態であった筆者は、ネットワークビジネスというもので救われると聞いて、その世界に入ったこともある。

　しかし、やはり、一時的な興奮や幸福感はあったものの、禊ぎ払いは続いた。

　次には新興宗教を試した。ここでは霊障が悪化し（ただし、ここでは霊の存在に気づき、信仰精神を持つ大きなきっかけになった）、眠れなくなった。もちろんその新興宗教はやめたが、睡眠不足のせいで、時がたつにつれて悪循環の中にどんどん入っていくようになり、禊ぎ払いの炎は、大学生時代の頃からさらに大きく、激しく燃えるようになったのだ。

同じように苦しんでいる人がいるかもしれない。苦しみから救われるにはどうしたらいいのか。神がいるならどうして苦しみがあるのか。本書では、その偉大な質問・疑問について説いていきたいと思う。

単刀直入に言うと、どんなに神様・仏様を心で大事にしていても、苦しみからは逃れることはできない。逃れられないというよりは、苦しみは必要性を持っていて、神はその必要な苦しみをマネージメントしているというふうに考えると分かりやすいかもしれない。

悪や苦しみは木の根っこのような役割を果たす。根っこは、木の成長していきたい上という方向の真逆の方向であり、根っこは根っこで下に進みたがる。根っこは、下という方向に成長するが、上へと成長するためのサポート、礎のような役割を果たす。

人間の心理でも、魔が差して、ある良くない方向に行ってしまったとき、行き過ぎたと感じてしまわなければ方向を見直すことはなかなかない。

地球人類は今まで戦争を起こしたりして、「逆」の方向、悪の方向で進んできた。つまりは、すべて「根っこ」の時代だったが、これから芽を出す。芽を出し切ったら、戦争は終わり、世界は平和な秩序の時代を迎える。実はこれが本書の最も大切なメッセージなのだ。

今までの「逆道」での悪もそうだが、まず、人間にはやはりどんな人でも多少の悪はつきものだと考えてもいい。そして、いかなる菩薩・神といえど、世に出現するとなるとそれは人として出現するわけであって、人となるなら多少の悪は存在することになる。「根っこ」のことを振り返るが、植物の生命のサイクルには五つの段階があり（本書では七つの段階があると言うが）、第二段階は根っこの成長で、それが悪であるとすれば、全体との比率は7分の1になる。したがって、悪だらけであるというわけでもない。100％というよりは、7分の1だ。そして、ブッダや菩薩などが、100％悪である人間と比べ、逆に100％善であるというのも違う。やはり、いままでの宗教とは、宗教の権力者が信者に対してこういう説を飲ませることにより、権力者が人間の中で一番神や仏に近いという考えが成り立っている。

しかしだからと言って、ネガティブになったり、絶望したりしないでほしい。悪のことを、少し違う観点から伝えてみよう。すべては愛。となると、悪も愛。愛ではあるのだが、愛が逆の方向へと進んでしまうのが悪ということ。こういうのがなければ、そもそもユーモアというものは存在しなくなると言えば、納得しやすいかもしれない。

そういうユーモア以外にどういうことが逆方向に行ってしまっている愛なのかは、読者の想像に任せるが、とにかく、これは愛が正しい方向に行くためには大切な働きを持っている。それは、礎という働きだ。友愛、家庭愛、さまざまな種類の愛は逆方向の愛によって支えられている。先ほど言った「7分の1」という比率は実は健康を維持するために理想とされる体脂肪率とほぼ同じだ。脂肪は嫌だが、健康のためには少しは必要。しかし脂肪とは、増え過ぎると嫌なもので、身体の本体の細胞に活かすべき重要な栄養素を吸い取ってしまい、代謝が発生するので毒素がまた血液に流れ、本体が処理するハメになる。ただし、この脂肪細胞が十分に足りていなければ、それは実は不健康であるというのは事実だ。

本書の「はじめに」の文章を思い出していただきたい。それはこの世に存在する邪神などの悪魔についてだが、その存在が１００％悪であるとしても、善なる神様はその存在を利用しているのだ。

どう利用しているかというと、まず悪魔は永遠の生命というものが与えてられていない。悪魔からすると、人間には魂があって永遠なのに、なぜ悪魔だけないのだ？となって、この事情は悪魔が善なる神様を本格的に憎むきっかけとなっている（ここで少し忠告を挟むが、決して悪魔に同情しないように。善なる神様の方が正しいので、不安になったら善なる神様の方向に意識を向けよう）。永遠の生命を持たない悪魔は、その時が来ればこの星から消えてなくなる。利用価値がなくなったら、捨てられる。悪魔はそういう存在であり、私たちにとって生贄なのだ。

「そういう存在」、「生贄」。私たちは逆道の中で生きていくとき、さまざまなシチュエーションで「そういう存在」として見られ、生贄として扱われ、また、他を扱うことがある。そして、多くの場合、実は、大きく見れば悪魔は利用されているのではあるが、逆道の時代の中では、人間は悪魔に利用され、「そういう存在」として見られ、生贄になることがある。悪魔は善なる神様が創った機械のようなもので、悪を成すためにプログラムされているようである。

悪は7分の1と言ったが、根っこ・逆道の時代では、そうはいかないことが多い。この時代そのものは全体からみたら7分の1ではあるが、この時代にフォーカスすると、悪は多く、またそれもさまざまな矛盾などにカムフラージュされることがあるかもしれない。

もうすぐ芽を出す時になるが、この根っこ時代は激しい勝負の世界であって、戦争などの大悪が発生する。しかしもうすぐ芽を出すので、希望は持ちたい。

回 子ども時代のある日、自動書記のようなものを体験した

大学時代に激しい禊ぎ払いが起こり始め、何年かたつと、筆者はＰＮＥＳ(Psychogenic Non-Epileptic Seizures) という病気になり、てんかん発作のようなものを起こすようになった。

眠れない日々がしばらく続いた後、いつもどおりパニック症状を起こしながら生活のために必死に働いていたある日のこと。劇的にてんかん発作に似たものを起こして、救急車で近くの病院に運び込まれることになった。後で、ある霊能者と話をしていた時、その体験を話したところ、その時は死にかけて、ある神霊により命が救われたと言われた。現代社会では受け入れられにくい神や霊の世界を受け入れられるように、死ぬ寸前というものを体験させられたのだろうか。

禊ぎ払いがピークに至った後、子どもの頃を思い出すことがあった。そして、ある不思議な体験を思い出したのである。

筆者はアメリカ人だが、日本で生まれ、子ども時代は奈良県生駒市で育った。その生駒市で通っていた駅前の生駒保育園でその不思議な体験は起こった。

ある日、自動書記のようなものを体験したのだ。子どもながら驚いた。文章を書い

たのではなく、「丸チョン」という不思議な印を描いたのである。何回も何回も、この「丸チョン」印をノートに描いていった（図2）。

なぜ描いているのかは分からなかったが、後で、昼寝の時間になった時、声が聞こえてきた。先生は寝ているから、それは先生の声ではない。クラスメートも寝ている。この声はなんだろう？　声の主は、自分のことを「丸チョン」だと言った（丸チョンとは、新宗教界で知られている印だが、神のことを意味するらしい）。丸チョンに、保育園の外に行って話そうと誘われた。保育園の門の外へ出た。すると、丸チョンとの会話の中で、いろいろ教わることになったのである。

図2 丸チョン

記憶が正しければ、本書のこのセクション、経緯の説明の中で言っている「禊ぎ払い」のことを丸チョンは説明した。そして、自分は今世、大きな禊ぎ払いを受けることになると言われた。ほかにもいろいろと教わったと思うが、記憶が正しければ、今の社会はお金が上へのぼっていく仕組みになっているということや、子どもならまだ知らない性の仕組みのことを教わったはずだ。

しかし、丸チョンが言っていた禊ぎ払いがピークに至った後、不眠症や発作などがなかなか改善されず、筆者は我を失っている状態となっていた。

第1章で説明した「光を見る」体験をしてから2、3年後、我を失いつつ、ある過ちを犯してしまった。それは、朦朧とした意識の状態で、缶スプレーを手にし、壁などに対してスプレーを撒いて、器物破損事件を起こしてしまったのだ。当時、我を失っていた。パニック障害も疲労も、限界に達していて、本当におかしくなってしまった。しかし、病院で睡眠薬を処方してもらったことにより睡眠がとれるようになり、それからは回復の道を進んでいくようになった。

恥ずかしい話をしたが、ここで経緯の話は終わりにして、次章では本格的に「○と――」（丸と線）の聖なる二元性について述べていこう。

第4章

○と──（丸と線）の聖なる二元性について

回 存在は二元性によって構築されている

存在は二元性によって構築されている。つまり、二つの異なる要素が一緒になって働いている。「陰」と「陽」のことならほとんどの人は聞いたことがあるだろうし、深く考えたことがあるかもしれない。

二元性の例としては、男性と女性、東洋と西洋、そして右脳と左脳がある。他にも例は数々あるが、とりあえずこの三つの例のことを考えてほしい。「陰陽」のことはすでにさんざん説かれているから、今さら何を言うのか、と思うかもしれないが、本書で紹介する陰陽、二元性は、別のバージョンの陰陽だと思っていただきたい。

ここでは、二元性のことを「陰」「陽」で見るよりは、ある二つのシンボルを通して見ていただきたい。

○　｜

非常にシンプルなシンボルである。何であるかといえば、丸と線である。○は万物の中の女性的要素を表し、｜は男性的要素を表す。○の方が「陰」。存在の未知なる、神秘たる、見えざる要素を表し、──は分かること、見えることなどの象徴になる。○はまた、どんな曲線をも含み、──も、どんな角度であろうが直線を含む。○は回転を表し、──は前進を表す。この二つのシンボルは本書の中で非常に重要なので、今一度よく見ていただきたい。

○と──はいろんな場所、自然界でも人の生活の中でも現れる。全ての形は曲線と直線の組み合わせ、つまり○と──の組み合わせである。○は女性的要素で──は男性的要素と言ったが、○は穴を連想させるので女性の性器の象徴になり、──は男性の性器を表す。単純に言えばそうかもしれないが、女性の性器と男性の性器はどちらもシリンダーに似ているので、結局のところ、○と──の両方が同時にあることになる。

ここから、性別にかかわらず意識には男性的要素と女性的要素があるものだという話に入ってもいいが、とりあえず○が女性で──が男性だという単純な見方を覚えていただきたい。

回○は「全」であり、──は「個」である

生活の中にも、○と──の存在は観察できる。

━は前進を表すと言ったが、これは目的を持つ、あるいは何かをターゲットにすることにも当てはまる。〇は、その目的やターゲット、向かっているところの周りにあるものである。目的を成し遂げる、何かターゲットを持つことに集中するのは、A点からB点へリニア（線状）に移動するのと似ている。

ただし、目的が存在して、その目的に集中しているとしても、ほかのことや周りのことがなくなることはない。目的・ターゲットそのもの以外に、例えば、そのための準備や、成し遂げた後の必要な作業などもあるだろう。関係のないランダムなことも発生するかもしれない。生活そのものを〇の要素と見れば、買い物に行くという目的が発生するとき、それは━、自宅というA点からスーパーというB点へ移動するというリニア的行動に入る。

あるいは、人にとっては仕事が人生の中の「目的」、━の要素で、家のこと、趣味、友人関係等がその目的の周囲にあるものとみるかもしれない。なんでも目的として集中すればそれは━の要素にあり、〇の要素はその周囲にあるそれ以外のことになる。もし何かのテレビ番組に集中していれば、番組を見ながら食べているお菓子はその周りにあるものとなり、逆に、食べることに集中しているのならそれが━の要素となり、周りのもの（天気でもなんでも）は全て〇の要素となる。

人間の生活を大きく二つに分けるとすれば、それは家庭（あるいはプライベート全般）と仕事になるだろう。仕事が──の要素でプライベートが○の要素になる。しかしこの二つ、○と──にもそれぞれ○の要素と──の要素をいろいろ持つこともできる。

仕事の──の要素は何になるだろうか。セールスをしている場合、それは売ること、利益を上げること、あるいはセールスのためのプレゼンとなる。大工仕事の場合は、──の要素は家を建てるという目的、あるいはハンマーを叩く動作に集中していれば──になる。芸術の場合、キャンバスに向かってブラシを当てることかもしれない。

では、仕事の○の要素とは何だろうか。服装、同僚との世間話、仕事に必要な道具等。目的のための準備というものは○の要素と言える。

準備は〝見えざる〟ことであることが多い。美術館・展示会に行くと、完成された作品を見るが、そのための準備を見ることはない。レストランも、オープンする前はお店の前に「準備中」と書いてある看板を置いて、客が入れないように鍵をかけて準備に取り掛かる。劇を見にいくときは必ず本番で、リハーサルを見ることはない。セールスマン（あるいはセールスレディー）がプレゼンの準備を鏡の前でしているのなら、ここに○の要素と──の要素の二元性があることになる。大工仕事の場合、最終的に誰かが家に住むことになることが――の要素で、それを取り巻くさまざまな周辺的な要素が○の要素ということになる。大工仕事のための道具がどこか別の国にある工場で作られたとなると、まさしくそれは○の要素。

何が○の要素で何が――の要素か、というのは、視点を変えればどちらにでもなる場合が多い。例えばレストラン。店長は、1日100人の客を入れて食事を食べてもらうことを目的にしているかもしれない。そのためには質の良い食材、心地よいインテリアやBGM、そしてホスピタリティ精神溢れるサービス人を必要とする。100人の客を入れる目的が――の要素で、ほかのこと全ては○の要素と見ていい。

しかし、客にとっては食事が――の要素になる。○の要素は、そのレストラン以外の街の他の所でもいい。実は、○の要素が「他の場所」であるのなら、別に全宇宙も○の要素と言ってよい。○は「全」であり、――は「個」なのだ。

教師にとって、授業をすることが――の要素で、生徒との関係、ほかの教師との関係を○の要素としてみることができる。あるいは、一つ一つの授業が――の要素で、学校全体が○の要素ともいえよう。オペ（手術）をしている医者なら、オペを成功させることが――の要素で、それ以外のさまざまの雑用的作業を○の要素と言ってもいい。

回○と――は美術や音楽にも共存する

生活以外のところで○と――を見てみよう。例えば絵画には前景と背景がある。写真もそう。背景は夕暮れの浜辺で前景には人、あるいは家があるかもしれない。何を描いてもいい。背景が公園で前景が鳥とかでもよい。

音楽でも前景・背景がある。ポップスやロック系音楽ではリードギターとボーカルが前景にあり、ドラムとベースが背景にあり、前景の音のサポートの役割を果たす。オーケストラでも、前景に現れるメロディーが他の楽器に作られる音の世界に包まれる。アンビエント系音楽となると、背景にある「音の世界」が非常に重要になる。アンビエントという言葉の意味も「環境の雰囲気」であることから、ほかの音楽と比べて○の要素の役割が高い。ニューエイジ系の瞑想用音楽もそうである。

とにかく陰と陽、○と――は美術や音楽にも共存する。演劇の場合、舞台で行われる芝居は――の要素だが、多くの○の要素がある、例えばコスチュームや照明などである。

ストーリーというものにも、○と――がある。

ここでミニ・ストーリーを書いてみよう。

ウィリアムと花子は幼なじみである。偶然、二人は同じ会社で働くことになる。花子は仕事で大きな失敗をしてしまい、それは会社にとって大きな損害となりうる。しかし、その失敗を知っているのはウィリアムだけ。ウィリアムは花子が失敗を犯したことを秘密にすることにする。

この場合、キャラクターの情報、例えば独身なのかどうか、健康状態、過去、会社での評判などがストーリーのメーンの部分である――の要素に大きな影響を与える可能性がある。さまざまな情報が相互関連性を持ち、ストーリーをより豊かにすることもあるだろう。

生活に関しては、○と――が入り交ざる。○と――はただターゲットとそのターゲットの周囲にあるもののことではなく、「主」と「従」の関係にも匹敵する。そして「出来事」および「出来事の『準備段階』のこと」でもある。全ての出来事は、出来事・準備段階の二元性に基づくので、(全ての出来事は) そのままイベントとしてもとらえられ、あるいは次の出来事のための準備段階としても見られる。全ては両方なのである。

1日の中にある小さな出来事をイベントとして意識することはないが、試しに意識してみればどうだろうか。例えば、エレベーターに乗るのは、上 (または下) の階に行くという目的があるからだが、その目的がイベントであってエレベーターに乗ることは準備段階で、ある意味エレベーターもイベントなのだ。全ての出来事はイベントと準備の両方である。

そうやって時は永遠に続く。音楽でも、一つ一つのフレーズは発生する時は集中するが、実は次のフレーズのための準備でもある。成長、例えば植物の成長も、準備とイベントの流れがあると言える。植物は枯れ果てるまで成長の段階を進んでいき、次の世代のために種を残す。人間や他の生命体ももちろんそれと似ている。

■英語のＴＥＮと日本語の「天」が同じ発音であることに深い意味がある

これまで話してきた二つのシンボル、○と──についてさらに深く入っていきたいと思う。

今のところ、シンボルは二つである。

○

──

これらは万物の女性的要素、男性的要素を表す。

もう一つ、あるシンボルを紹介したい。

∞

無限。女性的要素と男性的要素二つ合わせて無限となる。存在は無限であり、○と━の相関によってもたらせられる。しかし、なぜこの「8」の字のような形が○と━の組み合わせになるのか。○と似ているところは、お互いスタート点とフィニッシュ点がない、あるいは同じであることとである。

━の要素がどこにあるかというと、○のような単純な円ではなく、いろいろな方向性が組み込まれていることにある。━は方向性を表す。この8の字を、アルファベットの「S」のように、一部分取り除いてみてもよい。こうすると、もっと━に似ているようになる。始まりと終わりがはっきりしている、ただし、○のように曲線が交ざっている。とにかく生死のサイクルは無限であり、陰と陽をつなげれば神と存在そのものになるのだ。

筆者の考えでは、英語のTENという言葉（数字の10のことだが）と日本語の「天」という言葉が同じ発音であることは何か深い意味がある。

10　天

数字の10は1と0、すなわち━と○。アラビア語やヘブライ語といった中東言語では、数字の10は「アスラ」と発音され、それはある神の中でのVIP（「VIP」

の「P」はパーソン、人のことなので、ゴッドのGにするべきか）の名前でもある。アスラ（日本語では「阿修羅」として知られていることが多い）は武の神であり、逆道での戦を通して未来の平和な楽園・浄土の世界の礎を作る役目を果たし、神の中では重要な存在である。アスラは武の神であるが、邪神ではない。

また、戦を正当化していると取られて、誤解を招きたくないのでここではっきり言うが、戦争はとてもひどいものだ。今はそういう時代から世界が平和になる時代への転換期なので、これから来る平和な世の中を受け入れ、この転換期のことを喜ぶべきであろう。

日本語では10を漢字にすると、縦線と横線が重なった字になる。

十

今から言うことは筆者が直接、天から、あるいは霊的に得た悟りではなく、別の世の中にある「情報源」から得た知識なのだが、この「十」の字も存在の二元性を表す。筆者の解釈だが、上と下と横があるというのは均衡を表すことにもなる。また、その情報源によれば、縦と横は万物の二つのエレメント、火と水を表すとのことだ。火は縦、水は横である。

ここで読者は「あと二つあるぞ。土と風」と思うかもしれないが、この「情報源」

では万物のエレメントは火と水のみである（ここでまた筆者の解釈になるが、光は火と水の組み合わせとなる。よって、第1章で述べたニルヴァーナの時に見た神の光とは、火と水が組み合わされていた二元性を持つ神であったということになる）。

日本語では火を「カ」と読むことができる、そして水を「ミ」とすれば、「カミ」は火と水の組み合わせとなる。「上」という字も「カミ」と呼ぶことができる。神は上の存在なので、それも意味があることだろう。ちなみにスワヒリ語では数字の10を「クミ」と言う。

ヘブライ語で宇宙のことを「イェクム」というのも、面白い。いろんな言語のつながりの方向にいくとすれば、例えば英語のWARという「戦争」を意味する単語は、日本語の悪（わる）と同じになるところも、言語同士に神秘的なつながりがある場合があると考えさせられる。もう一つ、英語で医者はドクターというが、スペル的な最後にRがあるので、「ドクトル」になってもよい。そしたら「毒」を「取る」という意味になり、非常に面白い。

回 グローバル化が問題ではなく、どう管理されているかが問題である

こういった言葉のつながりは偶然ではない。筆者は、大昔、世界は一つだったと信

じている。全ての言語と文化には元があり、そして分化していったのだが、日本語と日本文化とは火と水の中で非常に火の要素が強い方だと聞く。これは、日本が他の国より完全に優れているというわけではなく、均衡という複雑な平等の仕組みの中において、日本は特徴や長所があるというわけだ。

全ての文化には、その文化の長所があり、それと同時に平等というものがあることで、不平等と平等が同時に存在するという複雑な平等が存在できるようになる。これに対して筆者は「均衡」という言葉を使っている。太古の時代には世界は一つであったかもしれないが、歴史の中で分かれていき、現在その分かれた世界がまた一つになろうとしている。それはテクノロジーのおかげでもある。大転換期である。

ジョセフ・E・スティグリッツという有名な経済学者によると、2008年の金融危機の発生以来、経済は厳しい状況に置かれてきた。スティグリッツは、グローバル化には根本的な問題点もあるが、ある意味、グローバル化は成功でもあると言っている。その一方で、グローバル化による現在の政策が世界で経済的不平等をつくっているということが大きな問題点だとしている。

さらに、グローバル化の問題の根本は、世界はグローバル的に管理されているにもかかわらず、「世界政府」というものがないことにあるらしい。つまり、グローバル化そのものが問題であるのではなく、どう管理されているかに問題点があるということだ。国連や世界銀行などの国際機関は存在するが、世界政府が存在しないことによってコーディネートされていない状態になってしまっている。

経済的グローバル化は、政治的グローバル化のペースを超えてしまっている。世界政府がなければ、機関は自分の利益を追求するような決断をしてしまう。貿易担当大臣などが交渉のために会議をするとき、社会全体の利益ではなく、生産者の利益を目的にしてしまう。システムがグローバル化に対して適応しなければ、困難な状況は続くであろう。

グローバル化は経済的格差を悪化させてしまった。そして一つの国が自国の経済を良くするのには、現在ではグローバル化は邪魔となっている。いまの世の中では国同士の経済が相互依存しているということを、２００８年の金融危機が明らかにしたのだ。もし一つの国で問題が起きれば、他の国でも問題は起きるということである。

一方で、以前なら経済的には厳しいと思われてきた東アジアでは、グローバル化がプラスの影響をもたらした。グローバル化をうまく利用することができて、中国の経済は30年続けて10%も成長した。グローバル市場やグローバルな技術を活用したからだ。

しかしながら、繰り返すようだが、グローバル化は格差をもたらす原因となっているのである。これは、経済的なことが理由というより政策・政治的なことが理由だ。国家債務は大きな経済問題であり、それらをコーディネートできていないところも問題である。よって世界経済協議会が必要になるのだが、過去のＧ‐20サミットは、代理人が不足していたため、正当に機能したとは言えない。

さらに、中小企業への融資は金融危機が発生してから20％も減少している。金融システムはまだ立ち直っていないのである。

貿易協約はグローバル化の重要な要素だ。貿易協約はこれまで一般には関税を下げたりするためのものであったが、今では規制のためにする。食品安全規制や、環境のための規制もあるが、通常こういった交渉は貿易担当大臣が生産者の利益を優先しながら行っている。そうなると、利益を追求するために規制を和らげるような協約になってしまう。そして、グローバル化は、企業に税金を納めないで済むような仕組みを与えてしまっている。

マネージメントは、世界の人々のためになるように再構成されなければならない。今のままでは格差が生じるだけだ。経済的グローバル化に合わせて、政治的グローバル化が進んでいかなければならない。政治的グローバル化とは、世界政府を意味する。

回 男と女、東洋と西洋の価値、意味、重要性等は均衡の状態である

現在、陰と陽に対して、「光と影」という解釈を除き、二つの陰陽の解説がある。

一つは、先ほど話した「別の情報源」からくる説、縦・火と横・水であって、こちらの解説も正しいところがあると筆者は見ている。丸と線のうち、線の方はシンボルとしては「――」と縦向きに印してあるが、この線は別にどの角度でもよい。

しかし、火・水の縦・横という二つの線は角度が重要である。ここで読者には、二元性を右脳・左脳、女性・男性そして東洋・西洋とリンクさせてほしい。例の「別の情報源」によると、身体の左側も火の要素、そして霊の要素である。右脳は反対の身体の左側と神経がつながっている。身体の右側は水の要素であり、物・体の要素でもある。左脳が身体の右側と神経でつながっている。

「別の情報源」の陰陽説を簡単にリストのようにすれば、図3のようになる。

このリストによると、火は上で水は下となっているが、筆者の考えではこれは何かの間違いである。この「情報源」は信頼してよいところもあるが、この部分だけは気を付けないといけない。

図3

陽	←→	陰
火(カ)	←→	水(ミ)
縦	←→	横
男性	←→	女性
霊・心	←→	物・体
昼	←→	夜
東洋	←→	西洋
左	←→	右
上	←→	下
前(表面)	←→	後ろ(裏)
自由	←→	束縛
主	←→	従
求心	←→	遠心
南東	←→	北西

男と女、東洋と西洋の価値、意味、重要性はあくまでも均衡を保つものであるということを覚えていただきたい。「上」と「下」ではなく、「縦」と「横」で十分なのだ。縦には上と下の両方がある。さまざまな違いを持つ人々は互いに異なる長所と短所があり、全部合わせると均等という平等になるのだ。

日本は東洋の中でも最も東洋的である。地理的にも最も東にあり、文化も東洋の中の東洋と言える文化で、最も「火」であると言える。

聖書には「わたしはアルファであり、オメガである」という言葉がある。霊的な存在は尊いので上の要素があるが、無でもあるので下の要素もある。世界の国々の中で、日本は「アルファとオメガ」の両方のような場所なのではないだろうか。アルファとは「一番」という意味も持つが、確かに日本は世界一が多い。アニメやゲーム開発では世界的に有名であるし、時間をきっちり守ることや、一般的に勤勉であることも世界一だろう。清潔感などもそうである。

しかし、上の部分もありつつ、下もある。批判しているように聞こえるかもしれないが、とにかく世界は平等で、日本もほかの国もそれぞれ美しいと思っておこう。

回 人類に悟りが訪れた未来の新時代ではマナーがより大切になっていく

火と水は存在を作り上げる二つのエレメントだ。光は、火のようであり水のようでもある。マルチバース全体は光であり、神である。火は下から上へと向かっていき（だから縦）、水は横に流れる。男が複数いる場合、ヒエラルキーが構成されることが多い。火の力、上へあがる力が大きい人はヒエラルキーの上へあがる。ヒエラルキーは縦社会。東洋社会も、西洋社会のフラットさに比べると、縦系で、ヒエラルキー型だと言える。

一方、西洋社会では横の方向につながることが多い。しかし西洋社会を横型といっても、縦が全くないわけではない。人は世界のどこに住んでいようが、組織化するのは当たり前で、その組織にはヒエラルキーがつきものだといってもいいだろう。そういう意味では、家庭も組織で、親と子どもの関係は縦である。面白いことに、西洋社会では、仕事場では上司に対して同僚と同じように呼び捨てにする。これとは反対に、日本では学生同士でも学年が1年離れているだけで上下関係が発生する。後輩は先輩に対して敬語を使うのが普通である。

なぜ縦という方向が霊的なのか。まず、空は真上にある。空は宇宙、つまり神である。空のことを「天」と呼ぶこともあり、天に意思があるという発想はさまざまな文化の中で共通だ。

もう一つ、縦が霊的である理由だが、世界には層というものがあり、層は縦という並べ方で理解するもの。この世の上にはあの世があり、亡くなった人の霊魂はそこへ行く。あの世の上には神界がある。

いろいろ縦の話をしたが、ここからは全て均衡であるという真実の発想へと戻りたい。世界にはいろいろと層があるが、それらの層の意味、価値、重要性は均衡の状態なのである。これは人びとの年齢でも同じ。全ての年代は、その年代の長所があり、皆その仕組みによって価値は均衡の状態なのだ。女性と男性も均衡。東洋と西洋（中東、ユーラシア、アフリカなど、いろいろ世界にはあるが）も均衡。右脳と左脳も均衡である。

西洋文明は、世界の物を発展させるのに中心的な役割を果たしてきた。世界中で人が着る服や運転する車は西洋から来たもので、テクノロジーに欠かすことができない電気も西洋人に発見されている。ＧｏｏｇｌｅやＦａｃｅｂｏｏｋ等の情報系巨人企業も、西洋からの発展である。もちろん、西洋でない国もテクノロジーに貢献することはあるが……。

人類に悟りが訪れた未来の新時代では、マナーがより大切になっていくだろう。マナーを持つことは東洋文化では中核的なことである。人類の悟りは、もろもろの国・文化・人々が融合されていくことで徐々に訪れる。世界のどこかの部分が他の部分より完全に優れているということはなく、もろもろの存在は均衡という仕組みの中に置かれている。新しい時代の暁であり、さらなる悟りはわれらの未来に必ずある。

回 1960年代は「変化」の時であり、今もその変化は続いている

逆道から新しい悟りの時代への転換期は、いつ始まったのだろうか。それは1960年代位から始まっている。自由は多くの若者にとってのモチーフとなって、さまざまな革命的出来事が起きたのだ。女性がもっと権利を得るための運動もあった。歴史的人物であるマーティン・ルーサー・キング・ジュニア牧師はアフリカ系アメリカ人の権利のために立ち上がった。ゲイやレズビアンの人に対する理解もその時代から深まるようになり、ヒッピーという種類の人たちが誕生した。世界中で環境問題に対して熱心になる人も増え出した。イギリスからは「ザ・ビートルズ」という革命的ミュージシャンのグループが現れた。中国では文化大革命が起き、政治では「ニュー・レフト」(新左翼)という、社会主義的な思想家たちも現れた。

このように、1960年代には新たな自由感があった。前述した陰陽の特徴リストを見れば、火のリストの部分に「自由」がある。1960年代は時代変化のスタート地点のような重要な時代なので、その時代のことをさらに書いておこう。

なかでもベトナム戦争は1960年代の中で非常に大きなイベントであった。アメリカのジョンソン大統領は、まるで内戦状態のように大がかりな軍事行動を取ることになった。はじめのうち、多くのアメリカ人がベトナム戦争を共産主義というもっと大きなものと戦うために必要なものとして受け入れていた。しかし、血にまみれた数年がたつとともに、戦争反対の声が発せられるようになった。マーティン・ルーサー・キング・ジュニアもこの戦争に反対する演説をし、母国に倫理的であってほしいのにがっかりしているということを話した。1967年になると、国民の過半数が戦争反対派となり、特に若者たちは反抗的になり、平和的な社会を求める声を上げた。

1960年代は、経口避妊薬の誕生とともに、性的自由の時代にもなった。結婚や、一人だけのパートナーを持つ主義はもはや古いと感じる者も少なくはなかった。人は自由に自分を音楽やドラッグで表現した（ドラッグを勧めるつもりはないが）。

そして、この時代は権力者に対して反抗の意を持つ時代でもあった。ミュージシャンが以下のような二つの運動を促すこととなったのである。

1. 戦争を終わらせるという政治的運動

2. 意識の革命

例えばジミ・ヘンドリックスは、演奏を終わらせるとき、自分のギターを燃やしたりステージに叩きつけて壊したりしたが、これは文化革命、古い社会秩序の破壊の象徴として見られた。

１９６０年代では、アメリカの黒人の中でも文化革命は起きた。彼らの自己アイデンティティーが「Negro」（黒い人）から「アフロ・アメリカン」（アフリカ系アメリカ人）へと変革したのだ。この時期に「ブラックパンサー」と呼ばれる団体も誕生した。ブラックパンサーは、警察官の黒人への差別に対して怒りを持っているなど、黒人の生活を向上させようとする点において他に類を見ないと言っていいほどだった。

ボクシングのチャンピオンだったモハメド・アリは、徴兵を拒否することで反戦運動をさらに強めた。非常に安い賃金で雇われていたアフリカ系アメリカ人の労働者は、雇用先に対してストライキを行うなどした。マーティン・ルーサー・キング・ジュニアは彼らを励まし勇気づけた。抗議者はやがて暴力を使うことにもなったが、（キング牧師は）その抗議は平和的に行わなければ効果はないと心の中で深く思っていた。

１９６７年では反戦争運動の抗議者たちがペンタゴン（アメリカ合衆国国防総省）

で「徴兵制度を止めろ」と声を上げるために集まった。軍が首都を守るなか、平和的抗議者たちはペンタゴンを取り囲んだが、多くの抗議者が兵隊に叩かれたり逮捕されたりすることになった。1968年にジョンソン大統領はベトナムと和平を結ぶことを国民に告知し、これは戦争反対派の人たちにとって大きな勝利となった。

1960年代は、戦争以外に大学などで学生がデモをするという現象が多く見られた時代で、これは世界的なことだった。学生はすべてを要求した。例えば学生に権力を、戦争の終わりを、もっと自由をといった具合だ。この学生たちは「過剰に甘やかされた子どもの集団」として見られることもあったが、かつて学生時代にそのようなデモに参加した現代の大人たちは、自分たちのことをそれ以上だと誇っているようである。

1968年の5月にフランスではものすごいイベント（フランス5月革命）が発生した。大学権力者に反対する学生デモとしてごく普通に始まったものが、国全体を巻き込むストライキへと変化したのだ。5月10日のマーチング・デモでは、警察が止めにかかったのを一般人は反抗して、乱闘が何週間も続いた。やがてストライキはなくなったが、フランスの学生たちは大学のシステムを改革させるきっかけを作ることには成功した。

メキシコでも学生は独裁的な政府に対するデモを行ったが（政府側は、メキシコは民主的であると言っていたが）、残念なことに軍により虐殺された。このデモは１９６８年の10月に行われた。

１９６０年代には、女性の権利のための抗議運動もよく見られた。１９６０年代は、実に「変化」の時であり、今もその変化は続いている。そして、本書で述べている文明が「根っこ」のフェーズから「芽を出す」ことを始めているが、それはこの年代が始まりであると考えていい。

回○の要素は礎、基盤のような役割で、──の要素はその礎に乗って働きをもたらす

「求心」という言葉は、引き寄せる、吸引する力のことを意味する。外から中へ移動する力だ。「遠心」とは、押すような、中から外へ向かっていく力のことである。求心的力の例としては、掃除機がゴミを吸い上げる力や、人がストローで何かを飲むとき（ストローに）及ぼす力などがある。遠心的力の例だと、ボールを投げることやボタンを押すことなどがある。

武道の中で合気道は求心的と言える。なぜかと言うと、相手の攻撃を「受ける」こ

とで始まるからである。少林寺拳法や剣術などにも「後の先（ごのせん）」というものがあり、それは攻めていくよりは相手の攻撃をまず読むという求心的な方法である。「攻撃は最大の防御」というフレーズを聞いたことがあるだろうが、そうなるとひたすら攻めるという遠心的戦略となる。火と水のリストを見れば火が求心で、水が遠心とされている。矛盾に見えると思うので、あとから説明をさせていただく。

さて、本書のメーンの陰陽の解釈である○と―の説に戻る。ルールとして、○の要素は何事に関しても礎、基盤のような役割を果たす。そして、―の要素はその礎に乗って働きをもたらす。土は植物の成長の礎であり、その礎がなければ花は咲くことはなく、何も実らない。成長のゴールというものは、植物で例えると花を咲かせること、木の実を実らせることである。ゴールではあるが、土という礎は必需的だ。

○は「全」で―は「個」であると以前説明したが、全体がなければ部分は絶対に存在できない。世界がまさにそうである。地球は大きくて丸くなければならない。その全体があるからこそ、自分の住む部分的地域では天が真上にあり、地面が真下にあるという秩序がある。

○と―、どちらが尊いのかと言うと、答えは、何回も言うが、「均衡」だ。ここで、○と―が表すものを、火と水の場合で示したのと同じように、リスト（図4）

図4

○	←→	──
右脳	←→	左脳
ホリスティック	←→	リニア
女性（柔）	←→	男性（剛）
神秘	←→	ロマンチシズム
不安・スリル	←→	喜び
内	←→	外
求心	←→	遠心
直感	←→	論理
質	←→	量
融合	←→	分化
具象	←→	抽象
他力	←→	自力
易（変化）	←→	不易（不変）
ランダム・不確定	←→	秩序的・確定
夢	←→	現実
和	←→	競い
慈悲	←→	愛
無限	←→	有限
自然の掟	←→	人間のルール
複雑・複数	←→	単純・単数

で記す。

筆者は、霊的直感によってこのリストとその意味を得た。リストの○と—の二元性のことは、2011年1月26日のニルヴァーナ体験以来、何年も前から蓄えていた。

ちなみに、同時に発見したことであるが、右脳と左脳の心理学についてのある本を読んだ時、似たようなリストをロバート・E・オーンスタイン博士という人物が書いているのが分かった。といっても、完全に同じリストではない。例えば、右脳と左脳を「慈悲」と「愛」で区別してはいない。なお、その本のタイトルを日本語訳すれば「意識の心理学」ということになるが、英語では「The Psychology of Consciousness」である。

第5章

ホリスティック思考とリニア思考について

回 ホリスティック思考は霊的である

ホリスティック思考は○の要素であり、右脳の持つ種類の思考である。○（丸）はゼロという数字の意味も含まれ、これはホリスティック思考と関係する。なぜかというと、思考であるのにその思考が無だからである。この思考モードでは、考えは存在することはできるが、言葉なしで神秘な現れ方をする。そのため、無であるとともに具体的なものでもある。漢字では「霊」と「零」の字は似ている。

霊（Spirit）
零（Zero）

どちらも「レイ」と発音する。ホリスティック思考は霊的であると言ってもよい。この思考モードが強い人は、宇宙意思や、もしかすると守護神・守護霊などの存在からインスピレーションをもらいやすく、天才になる場合も多い。「天才」という言葉を見ると、天と才が合わされているので、天才は霊的影響によってインスピレーションを得ると言ってもいいだろう。

回 リニア思考は抽象的な言葉を使う

ベートーベンは聴覚障害者であったにもかかわらず、最高の名曲を編み出した。もしかすると、彼は霊的に音楽のインスピレーションを受けていたのかもしれない。「ホリスティック」は英語であるが、同じく英語の「ホーリー」、つまり「聖なる」という言葉にそっくりである。反対のリニア（線状）は、線を英語にしたＬＩＮＥ（スマホアプリとして有名な名前だが……）を形容詞、ＬＩＮＥＡＲ、ラインからリニアへと変えていて、線のように一定の方向へＡからＢからＣまで進む思考のことを言う。リニア思考では、部分を分析することが多い。ＡからＢからＣというのは、Ａという部分、Ｂという部分、そしてＣという部分を一つ一つ見る思考だということだ。ホリスティック思考なら、分けずに「ＡＢＣ」と一つにまとめる傾向がある。

リニア思考モードでは言葉を使う。言葉は抽象的だと言える。「ボール」という言葉は実際に手でつかむボールを表すが、実際のボールの方が抽象の対照である具象である。

リニア思考は、そんな抽象的な言葉を利用して線を描くように前進して、点から点へと切り替え述べていく。「ＡはＢ、ＢはＣ、したがってＡはＣ」という思考の基本があるが、今書いたのは三つの何かをまるで線でつなげていくかのようなパターンだ。「善」と「悪」、「真」と「偽」の分別などは左脳がもたらす。左脳は分別の専門なのである。左脳は倫理のシステム化を分別によって行い、そうやって人は社会のルールを設定していく。

右脳は自然の法則、あるいは自然に存在する神の法則を感じ取る。動物や微生物は地球に人間とともに存在し、その上には神の存在がある。人間は神のような特徴も持つが、動物のようにもなれる。人間とは動物と神の間になること、あるいは両方であることだ。その意味で、人間は存在の中で最も神秘的であるため、聖なる宝なのである。人間は神のようであり、獣のようでもあるが、人によっては意識が神の方に近づいたり、獣の方向へと寄ったりする。

回 右脳が発達すれば直感が増し、精神が統一される

「精神統一」という言葉がある。修行者は修行によって意識を分化から融合へと導こうとするが、それは仏の心に近づくためである。逆に、人でも動物と同じように領域のために競争をする。そして人の場合、意識がもたらす「結論」というものが領域として働く場合がある。第1章で述べたが、領域を得ると生命の実感が増す。よって領

域のための競争は生命のため、より生きるための競争となる。実際、単に気持ちで実感するだけでなく、土地には生きるための資源があったりして、それで戦いになるというのは獣の世界だけでなく、人間の戦でもそうであろう。

実は、倫理の話をするとき、結論という領域を得る、あるいは自分が善良な人間であるという地位を得るという現象が起きてしまう。つまり、倫理を善良な精神で語ろうという側面と同時に、それにより勝利を得て相手に説教することで相手を奴隷にしてしまおうという側面が現れる。となると、「理解させた側」と対象的に、「させられた側」は領域が奪われたことになる。結局、倫理の話をすると、倫理というテーマそのものを領域として得てしまうのだ。そうなると矛盾になるし、トラブルになる可能性がある。

加えて、こういうシナリオでは裁きが発生するかもしれない。裁きは攻撃のようなもので、相手を傷つけかねない。倫理が人間社会でレベルアップするには、右脳の発達が必要なのだ。右脳が発達すれば、意識は具象的になり、直感が増し、精神も統一されるので、倫理は偽りから誠のものへと進化する可能性が高い。さらなるグローバル化、世界の部分部分での相互関連性は、裁きなどの心の毒を浄化するであろう。

お釈迦さまという方は、「他人とのバランスを乱さないようにしましょう」と語ったらしい。これは、人を押したり、引っ張ったり、倒したりしないという物理的なことよりは、精神的バランスを乱さないようにしましょうということだ。人の自己価値・自尊心のことを指している。よって何度も本書で語っている「均衡」という概念のことを再び今考えてほしい。皆、平等であり尊いのである。

右脳は全体的で左脳は部分的だが、ではどうやって、これが東洋と西洋の二元性に関連するのだろうか。これを明らかにする例は数々ある。一つ例をあげるとすれば、西洋人の漫画の描き方と、日本人の漫画の描き方だ。日本の漫画は人や物の全体像を描き、西洋の描き方では部分が強調されているように見える。

人間の外面も、同じように全体性と部分性が、東洋と西洋とで違いがある。美しい東洋の女性は、美が全体的にまとまって現れているように見える。顔の部分や身体が一つにまとまる。西洋の女性の美は、逆に部分的要素が強いように見える。目を見れば目の特徴が部分として強調されている様子であったりする。美だけではなく、思考でも分化によって全体的・部分的に分かれる。例えばアメリカでは、国のモチーフは個人の権利である。西洋が個人思考であるのに対して東洋はグループ思考だ。

国の仕組みとして東洋と西洋の大きな違いの一つは、戸籍というものが西洋諸国には存在しないということである。戸籍とは家族が国のシステムに登録するためのもので、そこから日本などの国では個人ではなく家族というグループが国民の基本単位と考えられるところがあるのではないかと考えられる。それに加え、日本では人のことを苗字で呼ぶことが多い。友達同士でさえも苗字で呼ぶこともある。個人は家族、親族というグループによって識別されるということだ。西洋では反対に多くの場合、ファースト・ネーム、名前で呼び合う。

しかし、日本文化は一つの面だけを持たない。友達同士や近い関係であることを示す場合、特に女性の場合、名前で呼んで、しかも後ろに「ちゃん」を付けたりする。ここで東洋が縦（火）の要素で西洋が横（水）の要素であることを思い出してほしい。

英語で人に対してファースト・ネームで呼ぶのは横の線を描くようで、日本語では目上に対して敬語を使うという「上」と、名前に「ちゃん」をつけたりする「下」がある。「ちゃん」が縦の中では下と今言ったが、それは上が善で下が悪だとか、上の方が優れているという意味ではなく、下の方にも大事な役割があるということである。

日本という言葉をよく見てみると、それは「日」と「本」の組み合わせになっている。太陽が最初に上る場所という意味も含み、日の本なのである。

日本という国のネーミングには深い意味があり、「日」は「火」のことで、それは「霊」という意味にもなる。人間の身体には気が集まって通っていくツボやチャクラがあるが、地球にもチャクラやツボがあり、日本は場所的に地球のエネルギーが集まるチャクラのような場所であると聞いたことがある。

さらに言うと、奈良県にある天川村という場所が、地球のエネルギーの中心地らしい。日本が「アルファとオメガ」となる場所であり、宗教の真の姿が神道に似ていることからいうと、日本はとても神秘的で重要な国であると考えられる。

回 西洋医学は身体の部分を治療し、東洋医学は身体全体を診る

均衡の概念は今は捉えにくいかもしれないが、いずれ右脳の発展により、人類は全ての存在の価値が均衡の状態であると自然に考えられるようになる。

宇宙空間では最も上は最も下で、同じように最も右は最も左。地球も丸いので、同じ方向に進んでいけばスタート地点に戻ることになる。こういう仕組みの中では、点と点同士の関係は平等になる。空が上、地面は下という目に見える観点からすれば、例えば建物を建てればそれの各階層がランクのように感じられるかもしれない。ホテルでも、最も高級なペントハウスという部屋は、最上階にあったりする。

左脳の影響が強い今の社会では、人間同士の上下関係は厳しく、目に見える不平等に気を取られ、「平等なんてものはない」と思う人もいるだろうが、世界が新たな霊

文明へと入り込んでいけば、徐々に右脳の影響が強くなり、それで世の中の見方も変われば世の中の経済的仕組みや社会的状況も変化するであろう。

ホリスティック思考とリニア思考の違いは、東洋医学と西洋医学の違いとも一致する。西洋医学は身体の部分を治療する傾向があって、東洋医学は身体全体を診る傾向がある。東洋医学では、漢方などで身体の自然治癒力を高めるという方針が強い。鍼灸は、身体を巡る気の循環を良くすることで異常を治す。指圧でも気の巡りが良くなる。今は西洋医学の方が世界で影響力が強いが、それでも徐々に東洋医学・ホリスティック医学・代替治療の影響力が高まっている。

さらに、予防医学と関係があるサプリメントも人気が増す一方である。また、予防医学となると、前述したイベントと準備の二元性において、健康的に年をとっていくための準備のものなので、異常が発生してから治療するのを──の要素と見れば、代替医療も予防医学も○の要素だと言えるだろう。

ホリスティック思考モードは○のシンボルで表し、リニア思考モードは──で表す。どこかで聞いた話だが、東洋人の脳は真んまるい形をしているらしい。それに対して西洋人の脳は前方が前に伸びていて、後方は後ろに伸びているらしい。これは、シナプスやニューロンが情報を伝達する仕方も違うということにもなるのであろうか。

回 女性は右脳と左脳の両方を使い、男性はどちらかを使い分けている

女性と男性の話をしよう。どちらも、右脳と左脳を持っている。ただし、右脳と左脳をリンクさせる神経に違いがあるのだ。この神経を脳梁（のうりょう）と言う。女性はこの脳梁という神経を男性と比べて圧倒的に多く持っている。結果として、女性は右脳と左脳の両方を使う傾向があり、男性はどちらかを場合によって使い分ける傾向がある。これが全体と部分の二元性と関係することは間違いない。

全体、〇の要素は女性的で、部分、——の要素は男性的である。女性の目の視野は男性と比べて周辺的で、あたりの全体を把握する傾向がある。それに比べて、男性の目の使い方はトンネルのように似ているので、リニアであることになる。

男性は冷蔵庫の中を覗いても、探している食品がすぐに見つけられなかったりするらしい。そして旦那が妻に「おい、ケチャップがもうないぞ」と言ったら、妻は「きっとあるわよ」と答えて、代わりに冷蔵庫を開けて探したら、一秒でケチャップが見つかるのだ。

逆に、男性の方は地図を見るのが上手らしい。地図を使ってA点からB点までどう行くか把握するのがリニア的作業であることが関係するのであろう。もしかすると多

くの女性の場合、地図を絵のように全体的に見てしまって、分化することで経路を把握するのに少し時間がかかるのかもしれない。

回西洋言語はリニアで東洋言語はホリスティックである

これまで述べてきたことに基づけば、英語などの西洋言語はリニアで、中国語や韓国語、そして日本語などの東洋言語はホリスティックであるということになる。

英語は日本語と比べれば部分的要素が多く、必ず主語、動詞、目的語という順番になる。そしてＴＨＥなどの冠詞もあるが、この冠詞も言葉を部分的にしている。

例えば、友達と喫茶店でお茶をしているとして、そろそろ切り上げて帰らないといけない時間になったとすれば、日本語では「行くね」で十分であるところ、英語では「I'm going now」というふうに「Ｉ」と「ａｍ」が含まれていなければならない。そして、もしお茶をおごってもらったとなれば、日本語では「お茶ありがとう」と言うところを、英語では「Thanks for the tea」というふうに「ｆｏｒ」という部分と「Ｔｈｅ」という部分があり、言っていることが長くなる。

「行くね」のような主語を含まない日本語の使い方は、内容をまとめるようなフィーリングをもたらし、また、誰がどこに行くかなどの詳細を抜きにすることは、「ある」

の――の要素より「ない」の○の要素に近い。これらの例に加え、西洋言語は言葉を母音と子音で分ける。しかし日本語、中国語、韓国語などでは分けずに一つにまとめる。

ではここで、「宝」という言葉をアルファベットで表記してみよう。

takara

TとKとRは子音、そしてそれぞれの子音にはAという母音がある。部分としては、全部で六つあることになる。

一方、日本語ではこうなる。

たから

ローマ字で書くのと比べて、半分の3文字しかないし、それぞれの文字は子音・母音として分かれてはいない。日本語ではそういうふうに区別をせず、宝の「た」はただ「た」で、「か」は「か」、そして「ら」もただ「ら」である。西洋人が日本語を学習するとき、つい自分の母語と同様に日本語も子音と母音で音を区別してしまう。

さらに、この言葉は漢字一文字で表すことができる。

宝

もちろん、この漢字にはさまざまな細かい部分があると言っていい。そのため、単純なアルファベットよりも字が複雑な場合が多い。部分的要素が何もないわけではないが、一つの単位として捉えられる。

宝を英訳すれば treasure になるが、それは8文字もある。文法的にもホリスティックな傾向があると同時に、文字にもこういった統一性が、西洋言語と比べて日本語にはある。

◎中近東言語は二元性の中でニュートラルな特徴を持っている

ここで英文にある工夫をした例をあげてみよう。

Gergryo enwt to the soter and gto some gegs.

スペルがランダム化されている。実は、ある大学教授にこれを教わったのだが、右脳をよく使う人は単語を全体として読む傾向があるので、スペルがこういうふうにランダム化されても理解できるのだ。しかし左脳をよく使う人の場合、これを読むのは難しい。なぜなら、単語をスペルの始めから後ろまで順番通りに読むからだ。ちなみに、ランダム化を解除するとこうなる。

Gregory went to the store and got some eggs.

（意味：グレゴリーはお店へ行って卵を買った）

では、次のような文章ならどうだろう？

Mk wnt to th mv thtr nd wtchd "Th Usl Sspcts."

今回はランダム化したのではなく、母音を除いてある。右脳を使う人なら解読できるかもしれない。実際に、中近東の言語はこのように母音を抜いて字を書く。どういうことかと言えば、〇と―のどちらの要素も含み、ニュートラルであるということだ。

では、ヘブライ語の「受け取る」という意味の言葉を例としてお見せしよう。

קבל

発音すれば「キベル」になる。文字の順番は右から左。一番右の文字は「キ」で、真ん中は「ベ」、そして最後が「ル」である。「キ」と「ル」は日本語のように母音と子音が融合され一つになった形だが、最後の「ル」は英語のLに似ていて、どちらかというと、母音はなく子音のみとして発音されるようになっている。ヘブライ語を勉強するとなると、「ב」（バ行を示す文字）などの子音だけ表示する文字は、最初は「バ」なのか「ベ」なのか分からない。よって、学習ビギナーや子どものためにはどの子音なのかを示すための記号システムがあったりする。アラビア語でもそう。時には、文字（記号ではなく）が母音を表す場合もある。例えば以下のようになる。

最初の文字は先ほどの単語の終わりと同じラ行を示す文字で、その次の文字はラ行のうちのどの母音に当てはまるかを示す。この場合は、「オ」であるため、この言葉は「ロ」と発音する。

もう一つ、中近東が西洋と比べホリスティックな要素があるところは、英語のようにｂｅ動詞を使わないこと。「これはペンです」を英語にすれば「This is a pen」であるが、ヘブライ語やアラビア語では「これペン」なのである。

そして、冠詞に関しては、英語のように名詞に対して必ず必要なものではなく、場合によっては必要だが、使わない場合も多いということで、ニュートラルと言える。中近東言語が二元性の中でニュートラルな特徴を持っていることが、地理的にもニュートラルな場所にあることと併せて考えると、とても神秘的に思える。

第6章

その他の二元性の要素について

回「具象」は感じる何かということである

前述したように、〇の要素は礎の役割を果たし、――の要素のものはその礎の上に建てられる。筆者は、この〇と――の関係が「具象と抽象」の意識の二元性の中でも重要であることを強く述べたい。

思考というものは、まず具象が存在した上で抽象が成り立つ。これを理解するには、具象と抽象の定義を明確にしなければならない。

具象は、まず五感からくるもの。視覚、聴覚、嗅覚、触覚、味覚。しかし、これ以外の感覚もある。例えばテレパシーや霊感といった第六感。五感は非常に分かりやすいので説明はいらないだろう。それ以外の感覚であるが、何も霊感を持っていなくても、感情を含み、雰囲気など五感という単純で物理的なもの以外の何かという感覚は、誰でも日頃経験しているはずだ。

身体に七つのチャクラがあるのと同様に、感覚も第六感を通り越して第七感まであるそうだ。音楽もスケールには七つの音（7音音階）があるし、地球には七つの大陸があり、虹には七つの色がある。1週間も7日だ。これは何か意味があるのだろうか……と筆者は考えることがあるが、とにかく具象の対象となる抽象的思考の定義に進もう。

われわれの住む世界は抽象的でなく具象的、あるいは具体的な事象だと言える。その世界を理解するためには抽象的思考をするが、その論じている内容の世界、あるいは事象は必ず具象である。ガイドラインとして、抽象は具象を表すシンボル、印だと言えよう。

ここで、辞書に載っている抽象の定義を少し見ておこう。インターネットのｇｏｏ辞書には「事物または表象からある要素・側面・性質をぬきだして把握すること」と書いてある。この定義は、筆者が先ほど述べた「印」に似ている。また、辞書の定義によって「抽象的」という言葉を「概念的」という意味と一致させているのも見られるが、概念は形を持たないので具象ではなく抽象的とされる。

概念と言えば、例えばどういうものがあるだろう。

一つは「正義」。これは概念に相当する。正義とは何であるかを言葉で論ずることもできるが、なにかの不正に対する処理というものを正義とすれば、その処理が世界という具体的事象の中で具体的に行われれば、その正義の行いは具象になる。となれば、○と――が二元性の鏡同士であることがこの正義という概念でも見られることになる。

例えば、法律が、物を盗んだ人は牢屋に入れるというふうに出来上がっている場合は多いが、その窃盗自体は具象であり、牢屋も具象であり、犯人が牢屋の中にいるとなるとまた具象になる。

本書は、真理を言葉・文字という印のようなもので説くためものだが、結論としては、真理を悟るためには意識の具象的なところが礎として働きをもたらさないといけない。前述したが、更なるグローバル化によりどんどん右脳は開花していき、新しい世代になっていくと同時に、その影響で世界はあらゆる面で調和・救世の方角へと進んでいくだろう。

とにかく、「具象」は感じる何かということだ。視覚であろうが触覚であろうが感情であろうが、感覚は全て具象で、抽象とはそれを表現するための、あるいはそれの印になる何かということである。例えば「ボール」という言葉は実際のボールの印。ボールをつかんだり投げたりする時は、感覚なので具象になる。

言葉そのものは抽象的とも言えるし、具象的とも言える。なぜ具象的かと言えば、言葉には音というものがあり、文字を書くときはインクという具体的なものを使う。しかも、文字には形という具体的要素がある。これらの具象的要素を除けば、言葉は印、象徴的なものである。そしてこれを使用した思考のことを「象徴的推論」とも言う。

他にどんなものが具象の鏡として抽象化され、言葉になるだろうか。「価値」はどうだろう。「倫理」は？　価値は感じることができる。倫理は正義と同様に、行いをイメージすることができる。では「好き」、「温かい」、「くすぐったい」等は？　それぞれ具象の鏡が存在することは確かであろう。

回 倫理を理解するには人生を経験しなければならない

倫理に戻るが、概念だけでは理解に限界があるかもしれない。私たちの住む世界、そして人間同士の関係は基本的には具象的なものだ。倫理が、世界の中でどう生きるか、人間関係をどうするかを指しているとすれば、倫理を理解するには人生を経験しなければならないのかもしれない。倫理的に生きることは、精神的に健全であること、そして健全な精神は健康を保つための重要な要素の一つだ。

ある占い師・霊能者から聞いたことだが、公益的思考は脳を活性化させるらしい。過去に存在した聖雄・聖者と言われた人たちは、そういった心を持つことで脳が開いていたそうである。モーゼ、釈迦、キリスト、モハメッドといった人たちは、脳が開いていた影響で霊感・霊能力を持っていたそうだ。

領域を得ると意識が拡張すると前述したが、それは一つの要素で、公益主義的精神を持って、それを実践することも意識の拡張方法となる。間違いなく人類は、今こういった方向に向かっている。

また、宇宙社会への進出も人類の未来にある。これは公益的精神を持つことが前提にあり、宇宙社会となると、広大な領域なので、どんどん意識は拡張していくであろう。人類はどんどん悟りを開き、サイキックや霊能者は増えていく。人類が公益的になり悟りを得ていく影響が出てくるが、このことについては後述する。

具象とは、色、形、感覚、感情、空間、音、味覚……エネルギー、そして意識のことである。人と会話するとき、言葉だけの相互作用が発生するのではない。顔の表現、声色、雰囲気作りといった、すさまじい影響力のある具象的情報の相互作用がある。

こういった相互作用のおかげで、直感的に正しい情報を得るかもしれないが、誤解の場合もあるだろう。例えば、笑顔で接してない人に対して、本当は単に疲れているだけなのに、自分に好意を持っていないという誤解をすることはよくあるだろう。クリエーティブな業界に携わる人たち、例えばアクターや画家だが、彼らは右脳を使う傾向が高いため、具象にいっそう敏感であると言っても間違いではないだろう。

倫理では振る舞い方というのが重要になるが、それは声色や顔の表情などの非言語的要素である。マナーという言葉は、エチケットの意味を持つ場合もあれば、英語では単に振る舞いの意味を持つ場合もある。合わせれば、エチケットのある振る舞いをすること、あるいはエチケットのない振る舞いをしないことになる。

人類の右脳が発展していくと、マナーも表面的なものではなく、具象的振る舞いとそれに関わる直感が鋭くなっていくだろう。

回 女性・男性の二次元性は東洋・西洋の二次元性と一致している

女性と男性のことを「女らしい」「男らしい」とだけイメージするかもしれないが、この二元性が東洋・西洋の二元性と一致するというのは、特にどちらかが男らしく、もう一方が女らしいということだけではない。
○と―のリストでは、東洋が○の要素で西洋が―の要素と書いてある。火と水のリストでは東洋が火・男性で、西洋が水・女性となる。○・―そして火・水には相互関連性がある。左半身が火の要素だと火と水のリストに書いてあるが、左半身は右脳とつながっている。右脳は○の要素だ。
しかし、火は男性的で、○は女性的だと本書では述べた。これは単なる矛盾なのではなく、男性と女性の要素に相互関連性があることを示している。どちらも正しいのである。均衡がここにも存在するのだ。
日本語では、性別の性は命を意味する「生」と、聖なるの「聖」と同じ読み方である。

性
聖
生

この同じ読み方であるというつながりは、神による仕組みの現れと言ってもよいかもしれない。性別の二元性こそ存在の全ての根源、そして存在そのものでもある。女性である○と男性である——を合わせると無限の印（∞）になる。

○＋——＝∞

性別は生命と深いつながりがあり、聖なることと言ってもよいだろう。

では、どのように東洋・西洋はそれぞれ女性的、あるいは男性的な面を持つのか。西洋人の身体は大きい。それを男性的として見られるかもしれない。しかし、西洋人はコミュニケーションが豊富で、あいさつなどでお互いに抱き合うことがよく見られる。こういう面では女性的かもしれない。

東洋人は身体が小さいかもしれないが、マナーや厳しさを重視するところが男性的だと見られるかもしれない。しかし、厳しさというものは、家の外だけではなく家の中ですることも含まれるので、厳しさとは男性も女性も均等かもしれない点があり、東洋社会は団体的、グループ思考であることからすると、それは〇の要素になる。男性は女性と比べて言葉を慎む傾向があり、東洋ではこういう男性的な傾向が見られることも本書で述べている「均衡」という仕組みの中にある。

このセクションで話す女性・男性というのは、主に「柔」と「剛」のことである。柔の戦士となると、例えば忍者を想像するかもしれない。剛の戦士となると、プロレスラーのような体系をした人が大きな斧を武器にしているのを想像するかもしれない。柔は技を使う傾向のことで、剛は力を使う傾向のことだ。

もう一つの違いは、筋肉をどう使うだが、筋力を保つように使うのか、それとも一つの行動のために使うのかである。ヨガなどでは、筋力をあるポジションに入って保ちながら鍛える。腕立て伏せを何回するかという方法よりは、腕立て伏せのポジションに入って何秒間保てられるかという違いである。

〇は——の礎の役割があると述べたが、まさに腕立て伏せをするという——の前に、腕立て伏せのポジションが保てられるという〇が、礎の働きをもたらす。ポジションを保つことは、身体の外の筋肉より内側のインナー・マッスルを鍛える傾向があり、○が内面で――が外面の要素であることにも一致する。

オスの生物（人間も含むが）は、筋肉がメスより強く、力で優れるという傾向がある。確かに多くの場合、雄・男性の方が強いのだが、雌・女性には別の種類の強さである「耐える」能力で優れている場合が多い。女性は子どもを産むときの陣痛に耐えられるように出来ていて、男性にはその痛みには耐えられないらしい。ここで見られるのが、西洋文化と比べ、東洋文化の方に強く見られる傾向として存在する「苦しみに耐える文化」と、女性が母親になるために耐えなければならない陣痛とのつながりである。

そしてさらに、全ての創造主である聖なる神様は、創造のために大いなる苦しみに耐えなければならなかったということも、それにつながるということを筆者は指摘しておきたい。

技と力の使い方の話だが、左利きのボクサーは右利きのボクサーとはボクシングのスタイルが異なる傾向があるらしい。右利きの方は剛のボクシング・スタイルで、力で攻める傾向がある。左利きは柔のボクシング・スタイルで、テクニックで攻める傾向がある。左利きの人の方が、細かい作業が得意であることも多いらしい、例えばスケッチや編み物、ハサミを使うことなどである。

戦術も、場合によって柔と剛がある。歴史上最も広大な帝国をつくったのはモンゴル人とそのリーダーであるチンギスハン（死後は彼の孫がリーダーになったが）であった。彼らの戦術とは、陰陽の中では陰に属し、柔のものであった。陰とは、「見えること」の対象である「見えないこと」で、○の要素なので具象である。例えば、モンゴル帝国の戦術には、敵が寝ている夜中に奇襲をかけることが含まれていた。

そして、抽象の反対である具象がどうモンゴル帝国に影響したかというと、組織構築の中で家系という象徴的なものよりは実績や信頼という具体的な要素が重視されていたことだ。組織のヒエラルキーの高いポジションは信頼と実績のあるものに与えられていた。そして敵兵に対しては、勢いで突撃することよりは、逃げたり、おとりを利用したりしながら敵を囲むという戦術を使っていた。突撃するのは男性的で、囲むことはそれの対象であり女性的である。戦いにおいては、囲まれたら危ないという要素が大きい。モンゴル兵は、逃げ回るためにシルクなどの軽い服装をして、鎧（よろい）などの重い装備は避けていた。

回 何事においても質と量は関わってくる

プロのバイオリニストになりたいとしよう。この目標を達成するには、何をしなければならないだろうか。もちろん、それは練習だ。練習あるのみだ。しかし、バイオリニストになるための練習を始める前に、あるいは練習をしながら考慮すべきことがあるとすればそれはなんだろうか。それは練習の質と量である。

なぜ右脳が質で、左脳が量なのか。前述したように、右脳は具象の半球。具象とは質と同じと言える。左脳は数を計る、計算的・数学的な脳だ。数と言えば量。プロのバイオリニストを目指す人は、1日8時間練習するかもしれない（なんでもプロ級までにたどり着くには1万時間の努力が必要だと言われている）。1日8時間練習すれば、上手になれるに違いない。

ただし、量だけが練習の要素ではないのだ。「どう」練習するか、これも練習にとっては重要だ。あるいは「何」を練習するのか。耳で音を聞き取る練習なのか。スケールなのか。曲の演奏のためのリハーサルなのか。

あるいは、使っているバイオリンは質の良い楽器なのか、安物なのか。自分の健康状態は？　健康状態も練習の質に影響するので、管理しておきたいところであろう。

さらに、集中力や心の状態も練習の質に影響するに違いない。例えば、まだ二十歳にもなっていないのに、自分の2倍も3倍もの鍛錬をしてきている人より上手であるという天才バイオリニストは、練習量ではたどり着けない「質」をつかんでいるのだ。

アメリカでは、東洋諸国と比べて、食事に量が求められるという傾向がある。ステーキやハンバーガーはとにかくビッグだ。どうやら、量を多く食べることが食べる喜びの重要な要素の一つであるようだ。著者も、多く食べることに喜びを感じることがある。

一方、日本では、食事に関しては量より質が追求されていると言ってもよいだろう。日本の牧場では、牛肉の質を高めるための工夫として、ビールを飲ませておなかをマッサージするらしい。ちなみに、日本のビールの質はアメリカよりおいしいが、アメリカではビールの種類が多い。

セールスでも、質と量の両方が大切になるはずだ。営業をするとき、営業マン（ウーマンの場合もあるが）は全ての人がクライアントになってくれるとは限らないので、結果を出すために多くの人にプレゼンをする。数をこなすことにより、クライアントが増えていくのだ。しかし、プレゼンや売っている品物、サービスの質、あるいは営業担当者の人柄が良ければ、より多くのクライアントが得られるだろう。もし10％の確率でセールスが成功するとすれば、百人に当たれば10人のクライアントが出来ることになる。しかし、品物、サービス、あるいはプレゼンの質が低レベル過ぎるため、クライアントが出来る可能性が0％なら、成功は不可能だ。となると、やはり質は礎の役割を果たすことになる。

このように、何事においても質と量は関わってくる。軍事の場合なら兵や武器の質と量になり、劇団となると団員が足りることは量の要素で、経験や才能は質の要素になる。ミュージシャンなどの芸をする人は、選ぶことができるとすれば、観客の量より質を選ぶ人もいるだろう。例えば、ジャズの演奏のときは、観客の声援が音楽とその場所の雰囲気づくりに大きく影響するので、ミュージシャンは拍手や掛け声をしてくれる観客の方がいい場合もあるだろう。

回 ○は求心のシンボルで、――が遠心のシンボルとなる

求心的力はものを外から中へと引き寄せる。遠心的力は中から外。これがどう陰陽につながるのだろうか。

女性の性器に対して男性の性器はセックスをするとき突き抜ける。そして、女性と男性との間の振る舞いとして、女性が魅力によって男性をひきつけ、男性がそれに応

えて愛を宣言する。これは求心と遠心が関係するパターンである。もちろん逆に、男性が女性をひきつけて、女性が男性にアプローチするということもあるだろう。

　女性は会話をするとき、他の人の言うことを引き出すようなことをする傾向があり、男性は会話でも自ら突進する傾向がある。〇が求心のシンボルで、——は遠心のシンボルとなるが、どこかで誰かが何かをしているとき、必ずそこにはその行いや人物の周りに環境がある。もしある人の仕事がサーカスでピエロを演じることであるなら、そのサーカス全体という環境が〇の要素になる。仕事場は労働者を引き寄せ、お店は客を引き寄せる。

　もし世界中で右脳が発達すれば、仕事を見つけるために履歴書を用意して面接するといったことがなくなることはないだろうが、少なくとも仕事場という環境を作る人、すなわち事業主が増えていくのではないかと思う。それだけではなく、一つ一つの会社では、トップダウン式だけではなく下の人間も会社の全体を把握するというボトムアップ式経営が盛んになるのではないだろうか。

　西洋文化では、仕事の面接になると、インタビューを受けている側の人は質問されればまず答えの中核を言い、その後に詳細を言っていくという。東洋では、まず詳細や説明が準備的に話され、徐々に結論、あるいは話の中核に持っていくらしい。これは遠心と求心の違いである。

分化についてだが、人間が集う環境には役割分担が発生する。どう分化するかというと、ゲストとホストに分かれる。ホスト役は、ゲストの人、あるいは人々を招く側で、ゲストは招かれる側だ。この分化が発生しない場合、人は幽霊のようになる。それは死ぬという意味ではなく、ホストとゲストの役割分担がニュートラルになるということ。英語で幽霊のことを「ゴ（ー）スト」というが、不思議なことに「ホスト」と「ゲスト」が重なったような響きのある言葉だ。ゲストとホストは役割を演じるが、幽霊は役割を演じることはない。あるいは役割そのものがニュートラルなのだ。

例えば、パーティーが誰かの家で開かれているとしよう。ホストの人はキッチンに行ったりして用意をするかもしれない。一方、ゲストはゲストの部屋で待ちながら、他のゲストと交わっているかもしれない。ホストは受け入れる側、すなわち求心側であり、ゲストはホストの用意した環境の中に入るので遠心側になる。大体はそうだが、ゲストもホストに対してお茶を出すなどの遠心的行為をして、ホストがそのお茶を受け入れるというケースもあるだろう。ゲストとしての、あるいはホストとしての自分の役割分担を気にし過ぎれば、ストレスのもとになりうるだろう。もしそうならゴスト意識を多少持つことで、ホスト側とゲスト側の関係がよりスムーズに運びやすくなるだろう。

回 子どもの意識はランダム・自由である

前述したが、○は｜の礎の役割を果たす。○と｜についてこのセクションでは求心と遠心としての二元性を説明しているが、○は融合で｜は分化であることを思い出してほしい。要するに、ゴスト意識は融合性のある意識でホスト・ゲストの役割分担はそこからの分化であるわけだ。

子どもを観察すれば、大人よりはるかにゴスト意識を持っていることが見える。なんでも思いついたことをしゃべる。もし講義が行われていたら、スピーカーが自分の役割をステージで果たしていて、他の人は並んである椅子に座って講義を聞くという役割を果たしているところを、子どもはそれらの役割を意識せずに自由に振る舞ってしまう。もしかしたら講義用のホワイトボードのところに行って、スピーカーが話している横でお絵かきをするかもしれない。歌をうたうかもしれない。おもちゃで遊ぶかもしれない。これは子どもの意識がゴストであるからだ。

実際の幽霊も、生きている人間の役割分担を気にせずに、バーに行くとすればバーカウンターの後ろ側をうろちょろしたり、他の客のところにも行くかもしれない。しかし、客の役割を演じることはなく、バーテンダーの役割を演じることもないだろう。

子どもの意識はこのようにランダム・自由であって、大人はその対象として秩序的・束縛的なのである。皆、子ども時代から年齢を重ねていって大人になっていくと、ゲストとホストの役割の分化に慣れていく。

しかし、実はこの役割の分化をいつも演じることになると、心にとって不自然になってしまう場合もある。時にはゴスト意識を養うのも良いことだ。それは精神統一にもつながる。山や森林などの自然に囲まれ、触れることは意識の全体性を養うことにもつながる。〇は――の礎であり、全ての物質的インフラは自然資源から出来ている。ゴスト意識を保つこととゲスト・ホストの役割が演じられることの両方のバランスがあれば、人生を平和に、自由に歩めるかもしれない。

レストランの中ではサービス人などはホストで、食べに来ている人はゲストだ。ホスト側にはおもてなしをしなければならない責任があると同時に、ゲストにはない権利を持っていたりする。もしかすると、良いレストランはゲストをホストのように扱うのかもしれない。

まっすぐ向かうよりは囲むこと。「オン」よりは「オフ」であること。これらのことも求心に含まれる。人が初めて鉛筆を握って使い始めると、最初は握り方が遠心的であるが、経験を積んでいくと鉛筆やペンをつかむと同時に「離す」感覚を覚えるようになる。

何かを学習している時、人間は脳の前の部分、前頭葉を使っているが、それに慣れたら脳の後ろの部分、後頭葉を使うようになる。後頭葉を使っている状態は「オン」よりは「オフ」である。ハードスケジュールで忙しい人も、「オン」と「オフ」をニュートラルにして、求心と遠心のバランスを保つことで、そのスケジュールが維持しやすくなると同時に、ストレスマネージメントにもなるかもしれない。

回分化思考は競いにつながり、融合思考は和である

融合と分化は「マクロ」と「ミクロ」という言葉で考えてもいい。木の小さな枝は大きな枝から分かれていく。右脳は物事を組み合わせ、交ぜ合わせる半分で、左脳は分別をする。左脳が「分かれる」脳であるなら、それはある相手の意見と自分の意見が合わない場合、相手の意見から分かれるという機能を持つ。そうなると議論になったりする。分化思考は競い合いにつながり、融合思考は和なのである。

歴史の中で、国は分裂したり統合したりしてきている。例えばロシアの歴史を見てみると、はじめは全体としては「ロシア」ではなく「ルス」という名で、そこはさま

ざまな独立した領域に分かれていた。

今、世界はグローバル化という大きな波に乗って、一つにまとまった社会に近づいている。ヨーロッパもEUとなった。グローバル化はとても良いことで、違う種類の人たちが交わる機会をもたらし、新しい新時代的文化を誕生させる。異なる言語で接し合うことになれば、意識が自然と非言語的になり、右脳が動く。そうやって次世代は前世代より慈悲を持つようになり、感情が豊かになる。

感情は人間の内なるもので、肌の色や髪の毛の質が異なっていても、感情というものがあるという概念で人類はつながり合える。また、思想で異なっていても、右脳の発達によってお互いを許し合うことが可能になる。慈悲の発展により苦しみある人々への救いの運動も強まる。とにかくグローバル化がどんどん進んでいけば、それは救世につながるのだ。

現在における世界システムの融合性についてだが、ICC（国際刑事裁判所）というものがあり、それは国際的な施設であるが、国際法というものは現在では実用的なものとは言えず、飾りのようなものだと言える。国際法を本当の形で執行させる仕組みはなく、国連にも組織があるとは言いがたい。ICCには警察隊はない。

ICPO（国際刑事警察機構）は、特に世界のあらゆる国の警察の中核的役割を果たしているわけではない。現場の仕事もしない。そしてＷＣＰＡ（世界憲法議会協会）は20年ほどの努力で世界憲法を編み出したが、これもまた飾りのような存在である。

もし世界政府が本当に可能だとすれば、それは神の影響から来るものになるだろう。私たちが突入しようとしている新時代では、人間の作った決まり事は主・従のうち、「従」の存在になり、神の法が「主」となる。

もちろん、人間の作った法律は社会の秩序のためになるので尊重しなければならない。主・従だからといって、人間の法律が忘れられることはありえない。むしろ神政を支えるために、人類をまとめるために非常に重要な役割を果たすだろう。

相対性理論を編み出したアルバート・アインシュタインも、世界が平和になるには世界政府が必要になると言った。もし国々が分かれていれば、そのせいで戦争が起きる。皮肉なことに、この平和主義的な人間の科学研究は、世界を破滅の危機にさらしめんとする核兵器の発明につながってしまった。地球を滅ぼしてしまうほどの危険な兵力を世界が手にしてしまったということは、これ以上戦争はしてはならない、平和の道を歩んでいくタイミングである意味を持つはずだ。

筆者は、真の宗教は形としては神道、そしてシャーマニズムが最も近いと見ている。よって新時代宗教は新神道・新シャーマニズムとなるだろう。

◎神の道は真の宗教の定義・概念にふさわしい

「神道」という文字は、上が「神」、そして下が「道」。神の道というのは、真の宗教の定義・概念にふさわしい。われわれは皆神で、道を歩んでいる。

神道は多神教である。奇妙なことに、ユダヤ教やキリスト教で言う「神」も、聖書を元の言語で読むと複数系なのだ。ヘブライ語の神を意味する「エロヒム」は、「神」ではなく「神々」を意味する。

筆者のセオリーでいくと、その昔、正しい宗教観が教えられて、それが神道に似た多神教であったところ、歴史の流れとともに一神教に変えられたと見る。

◎全体へと向かっていく慈悲とは対照的に愛は個へと向かう

慈悲と愛の違いは何だろうか。

慈悲とは「マイナス要素」と関係する感情で、マイナス要素をニュートラルにする、つまり許したり受け入れたりする気持ちであったり、他の痛みを自分の痛みのように思い、それを取り除きたいと思う気持ちでもある。他の痛みを自分の痛みのように思うためには想像力が必要だが、右脳は想像力を担当する脳の半球だ。

慈悲深い人は、傷ついた人を癒やしたいかもしれない。あるいは、問題を抱えている人に対して理解を示したがるかもしれない。この種類の愛は、個ではなく全体へと向かっていく傾向がある。慈悲で個を見ると、全体視から個を包むような優しさがあるかもしれない。

もう1種類の愛（この種類の愛には普通に「愛」という言葉を使っているが）は、プラス面へと集中する、あるいはゼロからプラスへと行く種類だ。そして、全体へと向かっていく慈悲とは対照的で、愛は個へと向かっていく。左脳なので、競争とつながっている。勝負が発生する時、愛する方に勝利を得てほしい。愛は男性的、慈悲は女性的と言ってもよい。

キリスト教という大きな西洋宗教では、愛という言葉がよく使われる。キリストは「隣人を愛しなさい」と教えたらしい。仏教では、愛は人間・凡夫のもので、悟りを得た者や仏が慈悲を持つと教えられる。

今まで人類は左脳を主に使ってきた。となると、慈悲よりは愛。自分と関係ある者を優先することになり、関係のない者はどうだっていいという意識になったことにもなる。だからこそ、歴史の教科書を見ればどこの領域が武力でどこの領域を攻めて支配したかの連続になるわけである。

右脳から発する「女性的意識」が発展することを良いことであると主張する筆者に対して、「これを書いた人はフェミニストだな」と思うかもしれない。フェミニズムにはいろいろ種類があり、男女は完全に平等だという思想と、むしろ女性の方が上だという思想もあるが、筆者は男と女にはそれぞれ長所・短所があり、存在の価値を比較すれば「均衡」だと考えている。

しかし、「女性は家庭。男は仕事。この単純な定義でいいのか。それがあなたの言う均衡なのか」という議論をされるかもしれない。

思うには、男性が「個」の思考を持ち、女性が「全体」の思考を持つならば、これは経済学で言うミクロ経済・マクロ経済の二つの基本の経済学にもあてはまるのではないだろうか。社会の中で慈悲（女性的意識）が強まれば、これまで個々の会社が自分のミクロ経済を良くすることを考えていたのが、今度は皆がマクロ経済をまず重視するようになり、会社も下の層の社員の給料を上げ、それが社会全体の活性化につながり、最終的には個々の会社のミクロ経済の貢献にもなるのだ。

それだけではなく、愛国心というものが一般の左脳の愛だとすれば、国境を越える人類愛は慈悲に当てはまるので、全ての国の人たちの右脳の成長が世界平和、そして理想の世界経済にもつながるのだ。慈悲は非常に重要で、前にも言ったが、○と──

のうち○は礎の役割を果たす。慈悲は○の要素である。

回 易は変化のことで、不易は変化がない状態のことである

そして、易と不易は他にもあげてきたものと同様に、二元性だ。ちなみに易は変化のことで、不易は変化がない状態のことである。

例えば、四季というものがある。季節は常に変化していくものだが、サイクルになっていて、そのサイクルそのものは不変である。成長は変化であるが、人間は皆、子どもから大人から老人へと変化し、この変化は不変。右脳は易、変化の半球で、左脳は不易、不変の半球。○（丸）が三次元的であったら球になる。――（線）が集まって三次元的形になればピラミッド等になる。球・ボールは表面の上をコロコロ動くが、ピラミッド等は動かない。

音楽のスタイルに変化と不変を探してみよう。

ジャズには三つのスタイルがあるが、それは、ディクシーランド・ジャズ、スタンダード・ジャズ、フリー・ジャズである。普通、ジャズのことを考えるとスタンダードの方をイメージすると思うが、スタンダードではメーンのテーマ、あるいは歌があって、それをもとに即興（インプロビゼーション）をする。インプロビゼーションは自

由で変化が多く、歌・テーマは決まっていて変わらない。

ディクシーランド・ジャズは、ミュージシャンたちがすでに書かれている音楽をそのとおりに演奏する種類のジャズで、他のスタイルほど自由度はない（自分が作曲家なら作曲を自由にすることはできるが……）。

フリー・ジャズを見てみると、なんと構成をたどるのみのディクシーランドと全くの反対で、完全に自由らしい。

ロックは、スタンダード・ジャズと比べると、インプロビゼーションというケースは少なく、最近は特にクラシック同様に作曲された構成をそのとおりに演奏する傾向が多いようだ。音は、ジャンルによってはクラシックと比べ激しかったりするかもしれない。ジャズは器用に技で演奏するが、ロックは激しく力強く演奏するので、曲にもよるが、ジャズと比べて男性的と言えるかもしれない。

クラシックが好きな人なら、ラベルという作曲家の「ボレロ」という曲を知っているかもしれない。なんとラベルの「ボレロ」は、全く同じ内容が長い間どんどん繰り返されていくのだ。しかし、曲の始めから最後まで、徐々に伴奏が激しくなり、音が大きくなって、最後には同じテーマでクライマックスをして終わる。これも〇と——の良い例かもしれない。

テーマが同じで、それを覆う伴奏が変わっていく音楽は「ボレロ」だけでなく、現代のテクノ、トランス、ハウスといったクラブ系音楽にもみられるようだ。現代では楽器でスケール位置を変化させるだけではなく、機材で音の質そのものを変化させることができる。

コメディーも変化と関係することが多い。儀式・セレモニーはその反対で、変化なく、伝統通りに行うことが多い。変化が発生すると儀式は伝統性を失い、儀式にならなくなるだろう。コメディーではおかしく笑うことが目的で、儀式は真面目に行う。

カトリック教にはコミュニオンと言われる儀式があるが、そのときは誰も冗談は言わない。仏教でも、お経を読むのはお笑いの時間ではない。そして毎回必ず同じことをする。

コメディーは、それとは逆に内容がランダムであることが多い。お笑い芸人にとって、常に新しいネタを生み出すことは重要だ。これは特に時事ネタについてだが、もし何か面白いネタがあったとしても、それを永遠に使うことは難しいだろう。お笑いが儀式化されてしまうと、少しずつユーモア性がなくなっていくからだ。

笑いには緊張感をほぐす作用があり、お笑い芸人が芸を演じているときは、意識が具象の方に寄る傾向がある。顔の表情、体の動き、そして声の質などの具象的なところがユーモアと強く結びついていることはよくある。

さらに、西洋のユーモアと東洋のユーモアは違うことが多いようだ。西洋人のユーモアセンスは非言語的な要素と結びつく傾向が少なからずあり、東洋人のユーモアセンスは発言と結びつく傾向があると考えられる。そして西洋でのユーモアは、ゼロからプラスにいく「喜び」の性質を持ち、東洋ではマイナス（緊張感）からゼロ（ニュートラル）へと導くような性質を持っている。喜びの反対なので、スリルに似ているときもあると言ってもよいかもしれない。

左脳・右脳の話に戻ろう。左脳は何かをわざとする脳の半球で、右脳は自然体でいる脳の半球だ。西洋では、ユーモアをある意味「わざと」笑いの方向に導く傾向がある。しかし日本のバラエティー番組などを見てみると、笑いが自然に発生するような芸をしている。陰陽はユーモアにもあると思うと、非常に興味深いものだ。

生活という一般的な角度から易と不易を見てみよう。不易は、その個人が持っている日課・ルーティンで、ルーティンは、人に安定感をもたらすことは確かだ。例えば、毎朝早起きして仕事の前に散歩をする。あるいは、夕食の後に必ずお茶を飲むといったことである。

回 他力とは、努力をするために用意されなければならない「環境」

他力とは、自分以外の存在が有する能力のことだ。よく「他力本願」のことを、怠けること、要するに「人任せ」と結びつけることが多いようだが、本書で述べる他力とは、全ての人の努力は、その人の環境がそれを可能にしているからこそ（努力が）できるということを指している。これに気づき、周りに対して感謝の気持ちを持つことができるようになれた人が幸福になれると筆者は思う。

なぜ筆者がこの本を執筆することが可能であるかは、パソコンという道具があるからだ。この世の中にパソコンを作る企業が存在できるのも、パソコンに対する需要がある環境にその企業がいるからでもある。他力は、誰かが他の誰かに一方的に依存することではなく、世の中全体が「相互依存」で出来上がっていることを意味する。相互依存は他力と自力の合体だ。

もう一つ、筆者がこの本を書くことができる理由は、自分の外からインスピレーションが得られたことにある。霊界からのインスピレーションや調べ事や耳にしたことを内容に含めることで執筆が可能になった。この本の執筆・出版は大きな他力的現象で、筆者自身はその中で動かされているにすぎないのだ。

人が働いて給料が得られるのは、勤め先があるから。そして社会にはいろいろな機関が独立して機能しているが、全体的にはシナジーとして働いているからこそ、社会は全体として機能できる。社会の中で独立した機関の例をあげるとすれば、教育機関、交通機関、金融機関、郵便局……さまざまな産業があってこそ、さまざまなサービスや物品を必要なときに購入できるのである。

産業・機関は、身体で例えれば内臓のようだとも言える。洋服産業がなければ冬でも裸でいなければならないし、不動産産業がなければ住むところにありつけない。食品産業ももちろん大切だ。これらは人間の働きの相互依存性を明らかにしているが、他力とはこれでとどまるものではなく、自然界というものがなければ生きていくことはできない。酸素がなければすぐに死んでしまう。感謝すべきことは非常に多い。感謝の気持ちは脳を活性化させ、健康に良いらしい。感謝には霊的な力があるのだ。

他力と自力の二元性の例をあげてみよう。ペンと紙があればこそ字を書く、絵を描くという自力が可能になる。スーパーで買い物ができるという他力があるからこそ料理という自力が可能になる。銀行が街にあるから口座が作れる、だから貯金もできる。自然資源が生命を維持させ、人間界では生産が可能になる。体があることは他力、それを動かすのは自力なのである。

もし、人類の右脳がもっと発展していけば、人の意識が自力から他力になる（自力がなくなることはないが）。これは、前に述べた慈悲の気持ちにもつながる。他力は奥深くて〇の要素なので、「全体」に当てはまる。ということは、全ては他力とも言える。

体を動かすことは自力だと言ったが、やはり神経や筋肉などの仕組みがなければそれは動かすことができず、自力と考えたとしても、この世の出来事はあの世で準備された内容が発生したものだ。自分の意思で考えて動いている感覚はあるのだが、この世は映画・劇のようなもので、ほとんど決まっていると言ってもいい。それを聞いて、「じゃあ、なにもせず待っていたらいいのか」と言うかもしれないが、そうではなく、全ては他力であることを受け入れたうえで、自分の意思を持ち、自力で人生を歩むようにすればよい。

自然資源は人間に物理的インフラを作る可能性を与える。ご存じのように、例えばパソコンのボディーなど、多くのものは石油から出来ている。スプーン、フォークやナイフは金属製。服も、コットンやウールなどの素材で出来ている。これらは全て、他力と自力の融合である。〇は礎の働きをもたらし、――はその礎を元に働きをもたらす。他力という土があればこそ自力の花が咲くのだ。

先ほど慈悲の話や全体性の話をしたように、リストの別の項目を、ここで他力・自力につなげる。〇の要素である右脳はスリルで、――の要素である左脳は喜びを感じる半球だが、自力は――の要素なので喜びと関係する傾向がある。例えば、起業家が事業のアイデアが頭に浮かんだとき、スリルを感じるはずだ。そして、そのひらめきがどんどん現実化されていくと、会社が現実に存在していて利益を上げる。そうした結果がある状態になると、今度はスリルよりは喜びを感じる傾向がある。

なお、本章は「他力と自力」を中心に述べているが、リストの項目に相互関連性があることに気づかれたことと思う。

回 GODが意識の中で優先される新時代へと突入している

どのような親に、あるいはどのような経済的状況の中で生まれるかなど、生きて恵まれること、あるいは恵まれないといったさまざまなことは、前世で積んだ徳によって影響される。それぞれが自分のカルマ・運命の道を歩んでいるのだ。

一生というものは、一晩のようなものだ。死ぬと霊魂は「あの世」へ行く。そこはこの世のような物質的現実よりは、肉体を持たない霊として存在する場所だ。この世で一生を生きている間は夢を見ていて、死して霊として覚醒すると言える。魂が浄化されることができればカルマも上昇することがある。前世の悪徳は魂を濁らせる。そうなると、神道で言う「禊ぎ払い」、つまり苦しみによる浄化が発生する。そして、過去の善徳は来世に良き幸運をもたらすというが、おそらくこれは正しい。さらに、善徳は陰で行うとなおよいと聞く。

　英語で神のことをＧＯＤと言うが、そこに○、つまりＯ（オー）を間に入れればＧＯＯＤ（善）になる。そして―が間に入ればＧＯＬＤ（金）になる。このうち、どれが優先されるべきなのか。第1章で述べたように、人類は今まで「逆道」、戦のフェーズに入っていた。逆道は本来人類の歩むべき道とは逆だ。
ただし、この逆道では正しい道を歩んでいけるための礎を築いてきた。未来は明るい。逆道では富、ＧＯＬＤが優先されていて、善（ＧＯＯＤ）は富を優先した上でのことであった。そして神（ＧＯＤ）は意識では一番最後に来ていた。

　しかし今、人類はＧＯＤが意識の中で最も優先される新時代へと突入している。順番は1．ＧＯＤ、2．ＧＯＯＤ、そして3．ＧＯＬＤとなる。ＧＯＤが意識で優先されるというのは、カルマの因果法則を考慮した上で善徳を積むということだ。

　そして、社会的成功はそれを意識した上で求められるようになる。植物の成長にたとえると、根っこの段階を過ぎ、芽を出すことになる。実際の植物の場合、芽を出したからといって根っこの成長が止まることはないが、逆道から正しい道に人類が切り替える場合、逆道が続くことはない。みんなで共に芽を出し、意識を「GOD・GOOD・GOLD」に切り替えることになる。信仰精神を持って、カルマの因果法則があることを知ることで、周りに対して負の影響を及ぼすのをやめて、プラスの影響を与えるようになり、それによって生まれる好循環が、今後さらに文明を進化させていくだろう。

回 均衡とは平等と不平等がうまく交ざり合った複雑な平等のことだ

何回も言うが、〇と──のうち、〇が礎の働きを持つ。〇は「ない」、──は「ある」。ということは、善徳を積む前に悪徳をやめればいい。ここで提案する「やめた方がいい悪徳」は、他を無闇・無意味に裁くことである。裁きは武器、あるいは毒のようなもので、裁かれる者は自尊心などにダメージが発生してしまう。

もう一つ気を付けるべきことは哀れみで、慈悲と同じだと思うかもしれないが、非言語的アンテナを張ってみると、哀れみは人の自尊心などの価値を奪ったり攻撃したりする場合がある。

しかし、こうした提案を言葉通りに実行に移すのは、やはり困難であろう。ということは、グローバル化がさらに加速して、人類の右脳が発展することにより、非言語的アンテナが正しい慈悲と毒化した哀れみの区別がより可能になるときを待つしかないのかもしれない。

全ての生命の価値は均衡の状態であるという心構えを持つのもいいはずだ。神々、人間、そして動物などの生物は皆、意味・価値は数学的に見れば均衡の状態だ。均衡とは、平等と不平等がうまく交ざり合った種類の複雑な平等のことだ。なぜ小動物や昆虫が人さまと平等なのか。人さまは確かに昆虫にはない知性などのものがあって優れているかもしれない。しかし、小動物・昆虫はもしかすると生命を人間よりも強く実感しているかもしれないのだ。生命はとても尊い。動物は小さければ小さいほど心拍数が早いと聞く。それは、生命が小さければ小さいほど生命力が活発だということを物語っているのではないだろうか。

他力は全体性があり、自力はその全体性の中の部分である。あるいは、他力はある努力をするためのチャンスであって、自力はそのチャンスを成功のために活かすこととも言える。努力は成功のためには大切だが、チャンスはその努力のための礎なのだ。チャンスがなければ努力のしようがない。もしどこかで穴の中に落ちてしまっても、その時にはしごがあれば、穴の中から逃げ出すことができる。あるいは近くに人がいれば、大きな声を出せば助けが来るかもしれない。

「引き寄せの法則」というのを聞いたことがあるだろうか。これは、本当はカルマの因果応報のことなのだ。会社がうまくいっているところは、人の扱いが良いそうである。黒字は、会社が因果応報の法則によって成功を引き寄せているのかもしれない。

今の世の中は、まるで夜が明けかけているかのように、霊的法則を意識して明るい世界を迎えようとしている。霊的法則は、人間の作ったルールが「従」であれば「主」に当てはまる。

回 ゴスト意識が潜在意識と関係するならば、それは他力である

実は、倫理の話はあまりしない方がいい。なぜなら、倫理は語るべきものではなく、実践するべきものだからだ（ここで、筆者自身がある意味語ってしまっていると指摘したくなるかもしれないが、そのとおりである）。コミュニケーションと行動は人の行う二つの対照的なことだが、倫理を語ると、それは人間が持つ動物と似た「領域を得たい」という本能を満たすためになるだけになりかねない。

領域を得る行為は、人同士コミュニケーションを取っているさいに結論を述べるときに発生しやすい。結論は一種の領域なのだ。もし誰かが倫理について語っていると、

語られた側は自分より相手の方が倫理的だと思わされることになる。満足する側と満足が得られない側、そういった格差につながる。精神が統一されていなければ、善や倫理を語る一方、どこかで欲心が隠れて「倫理は私のものだ」となってしまう。

精神が統一されていると、欲の心も良心も一緒になれるので、一方的な説教ではなく、コミュニケーションは分かち合いになれる。仏教や禅でいう「精神統一」は意識の全体のまとまりのことを意味する。そしてグローバル化が加速するとともに、人類の精神は統一されていくだろう。

自由と秩序の二元性は存在する。心は、筆者の意見では自由であると同時に秩序的であることが好ましい。ゴスト意識を有すれば自由と秩序・束縛がニュートラルになれる。ゴスト意識が融合体だとすれば、それが二つに分化するとゲストとホストになる。ゲストは招かれる側、ホストは招く側。大人はゲストとホストのロールプレイングを現実のものとして意識するかもしれないが、実は現実というよりはその役割を一時的に演じているのである。

ゴスト意識を維持することで、一時的なゲスト・ホストの役割分担が本当の自分を見失わせることがなくなる。幼い子どもはゴスト意識が豊富なので、親と一緒に家族が招かれた場所に出向けば、言動が大人のように完全にロールプレイングをせず、「本当の自分」をむき出しにしたままになる。レストランなどに行ったとして、子どもは放っておけば勝手に厨房へ行ってしまい、働いている料理人にあいさつをするかもしれない。それは、レストランでの自分の「客」としての役割を認識していないからである。

ゲスト・ホスト分担は顕在意識、外面的意識によるもので、その融合体であるゴスト意識は潜在意識、内なる意識によるもの。ある空間でどう移動できるか、どう移動するべきか、あるいは空間の中にあるものを移動させることは、ロールプレイングと深い関わりがある。

そしてこれは、誰が何を所有しているか、あるいは権利を持っているかにも結びつく。もし誰かの家に招かれたら、ホストの許可なしでゲストルームから出ることは、場合によっては、なかなかしにくいかもしれない。それはホストが家の所有者だからである。ロールプレイングは秩序のためにすることで、大切なことである。ゴスト意識は〇、すなわち礎の役割を持つが、役割分担による秩序はなければならない。誰かの家に招かれて、ミーティングが終わったときに「さようなら」と言って自分の家に帰るのではなく、「じゃあおやすみ」と言って勝手にその人の寝室で寝てしまえば、無秩序的なことになりかねない（泊まっていいと言われた場合は別だが）。

よって所有は――、分化、秩序の方であって大切な役割を持っている。ゲスト、招かれた者が勝手に冷蔵庫を開けたら所有の秩序を乱す恐れがある。もし、誰かがバスの中で勝手にギターの弾き語りをし始めたら、これは秩序を乱すことになる。ロールプレイングは秩序なのだ。しかし、毎日場によるロールプレイングに気を取られれば、ストレスになる。顕在意識を使わなければならない量が多過ぎて、潜在意識が圧迫されてしまうのは、ストレス社会において一つの問題かもしれない。

ゴスト意識が潜在意識と関係するならば、それは他力である。全ては自然の流れであるので、ゴスト意識はその流れに逆らわずに自然体でいることなのだ。ゲスト・ホスト分担は、自然体とは対照的に、「わざと」ロールプレイングをすることである。

第7章

◯と――を1．教育、2．結婚、3．企業・政府と合わせることについて

回 ホリスティック・スクール

小学校や中学校、高校などが新時代の中でどう改革されていくのか。

それは「分ける」ことから「融合」する方向へと行くことになる。もうすでに、ルドルフ・シュタイナーなどが提唱している教育論はその方向に向かっていて、それがホリスティック・スクール、あるいは代替教育といわれているものである。こういった教育論は、本書に書いてある○と――の原理にとても似ている。

まず、テスト勉強というものが、一見、人を賢くさせているように見えるが、実は社会の中で生きていくための実用性が薄く、無駄に子どもを機械のようにさせてしまっている恐れがある。そうではなく、生徒一人一人の個性が輝いて、学校は学ぶことが心と一体になるような場所・環境となることが求められる。読み書きなどは学ばなければならないが、人というのは心や魂が宿っているのだということを一人一人の教師などが踏まえることも重要である。

そして、勉強という目に見えることのみで関わりを持つのではなく、心という目に見えないものでも関わりを持つことも重要だ。多くの代替教育論者は、それぞれ異なる見方があるところもあるかもしれないが、異口同音に心や魂の重要性を語り、また、それが勉強のみのためではないと主張している。学校は、こういう教育論の中ではもはや勉強をする場所とは定義されていない。ではどういう場所かと言えば、コミュニティーの集いの場所というのが一番近い。

学校が真のコミュニティーとなるには、いじめや登校拒否などの問題を解決しなくてはならない。これは複雑な問題なので、ただ単に「ダメですよ」とダイレクトに言っても効果がないかもしれない。

これが成就するには慈悲が必要になるが、慈悲といえば右脳で、右脳といえば左脳の分化と対照的である全体化である。全体化をするには、学校で起きている分化現象を見直さなければならない。例えば、学年制度もその一つである。さまざまな年齢の人が、学校で、年齢によって区別されることなく、決められたことを学ぶだけではなく、自由に活動をするのである。

しかしここで、「子どもは年齢とともに知能レベルが上達し、一つ一つの定まった課題をクリアしていくことにより学習レベルが上がるのではないか？　どうやって個々の知能レベル、学習レベルの違いによりその人に合ったカリキュラムを作成するのだ？」と反論したくなるかもしれない。

実は、これは感覚の違いで、後者の反論は、カリキュラムを強制するほうが教育によいと考えるところから生じている。しかし、カリキュラムをなしにする、そして自由化すれば、勉強している人間には「学ぶのが好き」という感情が生まれ、その感情はその人の財産になるということだ。

このように、教育制度が変われば、社会の中にある教育と関連する多くの差別がなくなるきっかけになるはずだ。その差別は、「知識人対自然人」のような分化と対立によって隠れている場合もあるが、確かに存在している。教師は建前では偉い人のように扱われるが、多くの場合、本音では、教師は世間知らずだと思われている。

そして自分のことをインテレクチュアル（知識人）だと思っている人は、その人独自の偏見を持っていたりすることも確かだ。学校を、強制的に勉強させられる場所から自由に学ぶのが好きになる場所へと変えることができれば、「自然」であることと「知識」が融合し、こういった偏見がなくなるきっかけにもなるだろう。

ここで、教育をテーマとして結びつけながら、再び○と―のうち、○の特徴を見ていきたい。

回 ホリスティック・複数

教育がホリスティックになるということは、まず生徒一人一人の存在がただ「生徒」

であるということではなく、その人間全体としてその学校というコミュニティーに参加するということになる。

これは、○の要素である「複数」ともリンクするが、実は人間のアイデンティティーは複数あるものだ。現在、代替教育を研究している者も、そういう学校を経営していたり、そこで教師をしている者も、これを正しい論理として把握していたりする。これは何を勉強するかということと直接関係してくるだろうが、それよりは、教師も生徒も、ただ教師・生徒という関係だけではなく、それぞれの複数アイデンティティーをコミュニケーションにより知ることで、それらのアイデンティティーを統一している奥にある魂を感じることに導くだろう。代替教育論者は、教育において魂の存在を重視している。

回 柔・内

剛と柔。今までの教育が剛であったとすれば、それは強大なテスト勉強制度のことが当てはまるはずだ。テストの結果により、中学の後は高校、高校の後は大学、といったように入る学校が決まる。テスト勉強というもののモチベーションは、多くの場合、生徒自身の中から来るものではなく外から来ているのである。

どういうことかというと、テストは良い点数で受かれば褒められ、受からなければ怒られるということでやる気が発生していることが多いということだ。褒められることと怒られることでやる気を起こす強制的教育から、柔軟性を持ったスタイルで生徒自身が何を学びたいかを決めれば、モチベーションは内なるものとなる。

また、これは学ぶことに対して豊かな感情を持つことにもなる。それに、記憶は脳の仕組みにより感情と密接な関係を持っている。

回質・具象・神秘

大学を卒業した証である学位を持っていなければ就職が困難になったり制限されるようになったりするという考えは、学問を愛する者からすればネガティブな発言であろう。学問を愛する者にとっては、学校の勉強に対して、それが誇り高き戦いであるようなロマンチシズムの感覚が恐らくあり、学位というものはその戦いに勝利した騎士の称号であるに違いない。

しかし、果たして勉強というものはどこまで実際に必要であるのか。勉強にロマンを抱く者なら、前述したネガティブな発言を吐く敗者に対して、ポジティブで美しく、かつ正しい考えが分からないから、生活に苦しむならそれは自業自得であるという考えを持つ可能性がある。確かに頑張ることは少し美しいかもしれないが……。しかし筆者は、本書で語る◯と━、丸と線のうち、◯の方が礎、つまり基本、第一に優先されるべきだと思う。

まず、学位やテスト点数などは抽象的なものだ。そして、ロマンチシズムだけでは土台がない状態になる。ロマンチシズムの対象となるのは神秘感であって、教育でも神秘感が必要だ。神秘となると、まず勉強や教育が戦いや勝負とはならない。神秘的なので、きっと新時代の教育では人は瞑想をよくするようになるはずだ。それは、情報を卒業するために得るのではなく、内なる自分と統合させたりするためのものになるだろう。

神秘の教育とは、世の中の根本や全体を直感で見抜き、感謝をしたり、社会の問題を解決するにはどうしたらいいか考えるようになることだ。まず、心を自然と調和させながら、母なる自然はどこから来ているのか考えるようにする。そこに答えはなくていい。大事なのは、存在に対して神秘感というのを見出すことで、そこから「知識」ではなく「知恵」を編み出すことだ。

心を自然と調和させることで、人の役割分担の奥にある霊・魂に思考が行き届き、そこで愛や慈悲が生まれ、教師・事務係・親・清掃係などを皆「人」として見て、大いなる存在の一部であることを悟る。そうすれば、教育は良い点数＝良い将来という利己的なものから、すべてを愛するという利他的なものに変わり、これが真実への追究というろうそくに火を灯すことになる。そしてそれが、大人になってからも消えない状態になれば、世の中は救いの道を歩むことになるだろう。

学位はどうしても必要なのであろうか。昔の時代からすれば、肉体労働からいわゆるホワイト・カラーの仕事への道ではあったに違いないが、今となっては社会にあるものが便利になり過ぎているところがあるため、学校という環境が社会のエリートをつくる場所になっているというよりは、逆にニートと呼ばれる人たちをつくってしまっているのではないだろうか。

これを直すには、学校のカリキュラムの中に、働くということを体で学ぶ授業を足していいかもしれない。代替教育施設では、生徒が大工仕事や畑仕事をカリキュラムの中で与えられている場合がある。こういう経験を提供することで、労働に対するアレルギーを取り除き、逆に喜びを感じてもらうことが可能になるはずだ。

労働以外に、何を学校で教わるべきだろうか。一つは結婚についてだ。車を運転する前に、人は車の運転の仕方を教わる機会が与えられる。しかし、結婚となると、何もマニュアルはない。マニュアルがあった方がいいと完全に言い切るつもりはないが、学校である程度結婚のことを把握することができたら、後は当事者同士が経験しながら学んで、それで良い結婚関係が築けたら理想的だ。

　次のセクションでは、〇と――と結婚を、「教育」でしたように、つなげながら論じていきたい。

回 結婚

　本書の第1章で述べたが、この地球が本格的に新たな時代を迎えるようになると、人の意識が変化するため、恋愛や結婚は複数になりやすくなる。スケジュール的に不可能だと思うかもしれないが、恐らく未来の文明は今よりさらに便利になっていて、ＡＩやロボットが代わりに仕事をするのが多くなるだろう。子どもがたくさん出来過ぎてしまうのではないかと思われるかもしれないが、未来の新時代は霊文明なので、人の精神性が高くなることで、自己コントロールの能力やバランスが増すだろう。

　筆者の参加したことのある瞑想会では、性行為は精神エネルギーをなくす作用があるので、修行者にとっては時間がもったいないと教わった。ただ、誤解しないでほしいのでさらに説明するが、まず新時代というものでは精神のあらゆる要素が統一されやすくなるということで、それは人の欲心・良心も統一されるということだ。欲心は悪いことはなく、良心と融合されるとパッション、情熱などになる。

ここで断わっておくと、筆者は人類が今すぐ各社会で複数結婚を法律的に導入すべきだとは言っていない。意識が複数系の人も今は確かにいるが、全体的には法律で複数結婚を合法化するにはまだ早いであろう。昔、飛行機がなかった時代に、「人はいつか空を飛ぶようになる」と予言した人はいたかもしれないが、それはあくまでも予言であって、その時代の人はまだ飛行機に乗るタイミングの中で生まれていない。複数恋愛・複数結婚を本書ではある意味正当化してはいるが、恐らく読者の中にはそれを徹底的に否定したい人もいるだろう。もし「浮気をしてもいいんだよ」と言っているように聞こえるならば、決してそうではないということもここできちんと説明させていただこう。

未来の複数的社会では、パートナーがいるならばそれをちゃんと自分の他のパートナーに告知する。要するに、大丈夫かそうでないかというのは、オープンにするか隠すかであり、隠れて他のパートナーを作るのは良くない。今の社会では、オープンに複数のパートナーを持つことは、意識的に困難かもしれない。よって、無理をせず、一対一の関係を十分に楽しむとよい。

では、結婚を○の要素に結びつけていこう。

回 慈悲・全体・複数・複雑・求心

先ほど説明していた「複数」がいきなり出てきたが、これはただ複数のパートナーを持つことだけのことではない。複数というのは、前セクションで話した個人のアイデンティティーの多様性のことでもある。アイデンティティーの多様性を認識してあげるということが、恋愛関係・結婚関係にある愛情に慈悲という土台を発生させることになる。もちろん、女性も複数のパートナーを持ってよい。複数結婚が流行(はや)れば、人と人のつながりが複雑になり、地球人類が一つのネットワークになり、それにより一つの家族である感覚が高まるだろう。

また、そうなると片方の親を通して半分血のつながりがある兄弟姉妹がいるということも普通になる。半分の血のつながりというのは、関係性の「ある」と「ない」が両立した状態なので、○と―の合体でもあり、決してダメなことはない。こういう関係の中では、マナーを持つことと愛することが同時に発生する。

慈悲と愛の両方である新時代の結婚関係では、相手の幸せを願うことが大切になる。これは求心的な関係づくりであり、自分が相手に向かっていくよりは、まずただ素直に相手の幸せを願う。そうすれば、相手の方から感謝の気持ちで寄ってくる。求心

（〇）は遠心（――）の礎。求心が遠心を引き起こし、相手が感謝で寄ってきたら、その人もその感謝の影響で、同じようにパートナーの幸せを願うようになり、好循環となる。相手の幸せを願うというのは、別に他にも恋愛相手や結婚相手をもたせてあげるということのみではなく、意味としては幅広い。

気をつけなければならないところは、「パートナーは複数でいいんだ」と思い過ぎてしまい、それに縛られ、視野が狭くなることだ。パートナーは一対一でも、複数でも、またいなくてもよい。

回 自然・具象・神秘・無限

〇と――のリストに、「自然の掟・人間のルール」、そして「具象・抽象」というのがあるが、新時代の結婚とどうつながるのか。それは、大学の学位のことを抽象的だと前述したのと似ていて、現代の結婚や恋愛の抽象性が、未来では古いとされ、関係に肩書きがないようになることだ。

恋愛では「彼氏・彼女」という言葉が称号のように使われているが、結婚でも「主人・家内」というのがある。こういったネーミングには愛が込もっているが、一方で抽象的なので、潜在意識にふたをしてしまう。それだけではなく、結婚している女性は「家内」というネーミングに縛られ、まるで外で働いたり、活動したりしてはならないかのようになりやすい。英語の husband という旦那を意味する単語も、現代では意識しないようになりつつあるが、力のない女性を力のある男性が面倒を見るという意味合いがある。

私たちが迎える新時代では、男性と女性の役割分担の違いが調和されるので、「主人・家内」や英語の「husband / wife」という言葉が過去のものとなるだろう。それどころか、テレパシーでコミュニケーションを取るようになると、ネーミングなどで定義される個性は従となって、主である具象のサポートの役割を果たすものにすぎないということがどんどん事実となり主流となる。

現代では、結婚というものは役所に届けを出すという手続きだという認識がある。その手続きに対して思いはあるかもしれないが、役所の手続きというものは人工的である。◯の要素は無限であり自然でもある。人工的となると－の要素になり、また有限という意味にもなる。有限であるということは、言うまでもないが続きにくい。

結婚が無限の愛のものと化すには、戸籍や証明書というものにこだわらず、それらも主ではなく従のものとして扱われなければならない。証明書にこだわらないようになるということは、国籍にもこだわらないようになり、そこで初めて人は自分が宇宙人であり地球人であることを自覚することができるようになる。

回 企業・政府

ここでは、企業と政府というものを本書の「〇」の要素と結びつけ、新時代の社会のあり方を少し議論する。紹介する〇と――の要素は四つになる。それは「ある・ない」、「全・個」、「慈悲・愛」、そして「霊・物」である。

回 ある・ない

政府は同時になく、そしてあることが理想だ。ないとなれば無政府主義、アナーキーと定義されるかもしれないが、実は自由市場というものこそが本来のアナーキーの姿と言ってもいい。自由市場と、それに規制をかける政府には密接な関係性があるので、このセクションでは一つにしている。

アナーキーとは「ルールのないカオスのような状態」という意味を持つのではなく、「政府がではなく人々自らが秩序を築く」という意味を持つので、起業することなどがアナーキー的行為ということになる。そしてもちろんそれは悪ではなく自由だ。そして、その「ある・ない」の「ない」の要素である自由市場に対して、「ある」の要素に当てはまるのが政府や法律だ。

企業の中にも「ある・ない」の二元性が発生することも理想的だ。それは、企業の場合、ルールを作るのがその企業秩序の統治者たち（社長や株主など）だけではなく、労働組合などからでも意見が経営者たちに通ったりすることだ。

一般的には「トップダウン」と「ボトムアップ」という言葉を使うが、これは権利者に権利があると同時にないことで、権力のバランスが発生することなのだ。となると、民主主義でも、今までは「国民に権利を」というような価値観が存在してきたが、本当は、国民は社会の統治者たちとの権力のバランスを保つために、お互い権利があったりなかったりすることが理想の秩序と言える。

回全・個

経済学は、マクロ経済とミクロ経済という二つの種類に大きく分けられるが、それは「全社会の経済」と「社会の一部分の経済」という意味を持つ。○が和で―が競争であるのと一致するが、ミクロ経済、すなわち社会の一部分の経済というものは、ある企業が、自分が成功するために競争的な経済活動を行うわけで、マクロ経済を社会が重視するとなれば、社会すべての経済活動のことなので、それは共和的な精神と結びつく。
日本語では「会社」と「社会」は言葉として似ているが、まさに会社は社会であり社会は会社のような世界になるとすれば、それは礎である○の要素が――の要素を支えるような仕組みになる。

回 慈悲・愛

自由なアナーキー行為をする起業家たちが従業員に対して慈悲を持つことができれば、それは賃金アップを意味するだろう。慈悲がなければ、いくら自分の企業でも、そこで働いている一番下の労働者がとてつもなく低い賃金で働くことをトップの経営者たちはなんとも思わないかもしれない。

経済的に健康な社会では、中流階級というものが重要な役割を果たしているらしく、それはまるで心臓のようにお金を循環させるというものだ。賃金を十分にすることで、中流階級への扉を閉ざさないようにすることも重要である。しかし、マッサージ師によると足は「第二の心臓」であり、血液循環のために重要な役割を持っているということだが、それと似たように、最低賃金というものを十分にすることができるなら、下階級の方でもお金を循環させながら社会の経済状態を活発にしていくことが可能になる。○から―という、本書で語っている原理通りにいけば、健全なマクロ経済活動が個々のミクロ経済活動をも健全にさせ、好循環になる。

回霊・物

生きる意味とはどれだけお金を持っているかではなく、どれだけ心が幸せであるかということをより悟っていくのも重要だ。ブータンという国では、GDP（Gross Domestic Product　国民総生産）という国家の経済活動を計量する統計学的ツールよりは、GNH（Gross National Happiness　国民総幸福量）というものを重視しているらしい。

GDPのPは生産（Product）を意味するが、GNHのHは幸福（Happiness）を意味する。どれだけお金があるかではなく、どれだけ幸福であるかを重視しているのだ。もちろん幸福は計算できるようなものではないかもしれないが、ブータンの国民は幸せな人が多いらしい。

働くことも、ただ経済的に成功するためではなく、働くことにやりがいを感じることがいいというのも、―の前に○を大切にするということだ。

さて、企業・政府のあり方の理想を○と―の要素と照らし合わせてみたが、別に筆者はこういう理想を、どの企業も、どの人間も持っていないとは言わない。学校でも、何も理想がないとは言わない。現代でも、幸せな結婚をしている夫婦もいるはずだ。理想は現在、存在していたり、していなかったりしているはずだ。ただはっきり言えるのは、人類が「芽を出す」ようになると、さまざまな理想はどんどん実現されていくことになるだろうということである。

第8章

「有意義」と「無意義」について

回 西洋では国の法律が人間の倫理規定の中核にある

西洋では、人が作った国の法律が人間の倫理規定の中核であるとするメンタリティーが強い。人間の作った法律は、内面的というよりは外面的だ。日本文化では、「暗黙の了解」という内面的なものが倫理規定として重視されるところがある。アメリカの裁判では法律書に書かれているとおりに判定を下す傾向があるのとは対照的に、日本では容疑者が反省しているかどうかという内面的要素が判定を左右すると聞いたことがある。結局のところ、どこの国であろうが、内面的なところと外面的なところの両方を持つのだが、今言った傾向は少なからずある。

アメリカでは、国の憲法の最初に出てくる「権利章典」の教育を熱心にし、国民はその権利章典を誇っていることが多い。権利章典には「発言の自由」や「宗教の自由」など、個人の基礎的権利が書かれている。ただ、アメリカは、時には「訴訟大国」と言われることがある。なぜなら、人の権利を守るはずの司法システムが、「全ては法律だ」という意識によって問題やもめ事を法廷の場へと持ち込ませているからだ。

本当の審判とは神が下すものであり、人間の作った法則は、霊的な因果応報の法則が「主」とすれば「従」の役割を持っている。よって、「これは法律に引っかからないからやってやれ」という言葉による人への中傷や、あるいは物理的暴力ではない心理的攻撃などをすれば、不幸は自分に返ってくるものだと思った方がいい。法律の力で、本来なら取るに足りないもめ事のはずが、大金を払わせることになるなど、もってのほかである。

右脳は直感的で、左脳は論理的。右脳は女性的な半球で、左脳は男性的半球だ。読者も聞いたことがある、あるいは実感したことがあるかもしれないが、女性は直感を働かせるのが上手で、男性は逆に論理的だ。

そして、論理的思考となればやはり言語的になり、直感は非言語的になる。法律は言語的・論理的なもので、それと対照的に、日本では(もちろん法律も重視されているが)非言語的・直感的要素が裁判に関係すると考えると、面白い。しかも、西洋文化では、愛情表現を言葉にする傾向(I love you)があり、日本ではあまり言葉にせず、無言の以心伝心により情が伝わることが好まれる文化だ。筆者はどちらかの方がいいということは言わない。どちらにも美徳、そして個性がある。○と——の観点からすれば、「以心伝心」というのが○の要素であり、礎だ。

回 私たちの生きる人生とは同時に有意義であり無意義である

何が「有意義」なもので、何が「無意義」なものなのか？　筆者が思う「無意義」なものとは、必要はないが楽しさなどを追求するようなことである。逆に「有意義」なこととは、楽しいかどうか分からないが必要だったりすることである。あるいは、「有意義」とは真剣なこと、そして「無意義」とはそれとは逆の「遊び」であると考えている。

有意義と無意義の二元性をどうしても語りたい。リストには載っていないが、この二元性はとても意味があるからだ。人生には、どうしてもしなければならない重要なことがあったりする。しかもそれが難しかったり労力を必要とすることだったりする。そして逆に、重要ではないが楽しかったりすること（アミューズメントやエンターテインメント）がある。危機が訪れて、その危機から脱出しなければならない、あるいは人を救わなければならないような状況は、無意義なことよりは有意義なことであろう。有意義なものに比べて、漫画を読む、映画を見る、料理を楽しむことなどは、無意義なものなのであろうか。

この二元性について何を言いたいのかというと、多くのことは両方であるということとだ。実は私たちの生きる人生も、有意義と無意義の両方なのである。なぜかというと、ストーリーだからだ。私たちのストーリーは神によって書かれていると言えよう。そして文化的なことを楽しむのは社会の目的であり、それも有意義と無意義の両方なのだ。芸術こそこの二つの組み合わせであり、全ての存在は芸術なのだ。

回 あの世は修行のためにあり、この世はその修行の結果である

あの世（「アストラル界」とも言われる）は、この世の出来事の準備をする場所だ。あの世では、人（肉体はなく、霊としての人だが）は欲心を持たない。欲心はこの世のみに存在する。人には皆二つの魂があり、一つはメーンの魂で、もう一つはサブ魂。メーンの方は良心的で、サブは欲心らしい。あの世では、全てが物理的な物ではなく「霊的な物」・「意識の現れ」として存在する。反対に、この世では現実は科学を根拠として物質的なものとして見なされる傾向がある。霊的なことは、現実よりは夢のように思えるかもしれないが、実は現実なのだ。言い換えれば、「現実」は「夢」、つまり、全ては霊であり意識である。

なお、仏教には、全ては無であり夢であることを示す次のような言葉がある。

空即是色

色即是空

これらの言葉は、物質は実は存在しないことを言っている。全ては「空」、つまり無。あの世の目的は、この世というストーリーのための準備である。この世の存在は、霊界の目的なのだ。あるいは、あの世は修行のためにあって、この世はその修行の結果だと言える。結果とも言えるし、パフォーマンスだとも言える。役者は舞台に立って芸を演じるために稽古をするが、あの世は稽古で、舞台はこの世なのだ。

あの世、霊界は○の要素でこの世は――の要素。○と言えばランダム・変化であり、――は不変。そして○は礎。この世とあの世の関係は映画の完成と完成に向けたスタジオでの作業ととても似ている。映画の撮影をするときは、シーンを始めから終わりまで順番通りには撮影しない。あの世でも、この世のシーンを「撮影」している。そして、映画撮影、芝居の稽古と同じようにランダムにやる。

東洋は、火・霊の要素であり、人生は修行のためにあるという概念が強い。アメリカには「アメリカン・ドリーム」という言葉があるが、ここにも西洋と東洋の人々の考え方の違いに、この世とあの世の二元性が鏡のようにはっきりと映し出されている。人生が修行のためにあるのか、それとも修行が人生のためにあるのか、である。

ここで、あるハリウッド映画の話をしよう。それは映画「ロッキー」だが、読者も恐らくご存じだろう。あの映画で最も燃えてくるシーンは、主人公ロッキーがボクシングのチャンピオンとの試合に向けてトレーニングを始める時だ。何を言いたいかというと、「修行のための人生」と「人生のための修行」の二つの異なる概念は、平等だということだ。

人生という言葉を今使っているが、「結果」という言葉も使える。お皿を洗うことは、お皿がきれいになるという結果のためではあるが、それは結果のためという視野で見たもので、実はお皿を洗わないといけない状況が、人にお皿を洗わさせて、そのお皿を洗うという行為そのものが良いことだということも考えられる。掃除をすることは、結果としてキレイな部屋に住めるようになるのと同時に、掃除という健全な行為をすることが人のためになるということだ。

日本語には「頑張る」という言葉があり、人は日常的にこの言葉を使うが、実は英語にはこの言葉は存在しない。日本語にはあるが英語にないというのは、まさに日本語が「あの世」的で、修行を美徳とする概念が強いことを示している（日本語の「よろしくお願いします」という言葉も英語にはないが、これは感性を言葉にしているのであって、論理的な英語ではなかなか表現できない）。

多くの男性からすれば、女性はショッピングを過剰に楽しんでいて、そしてその結果、何足も靴を家に置くことになることは、無意義に見えるかもしれない。あるいは大人から見たら、子どもが常に遊んでいたり、テレビでアニメを見たりしていることも無意義に見えるかもしれない。しかし子どもにとっては、大人の行為、例えばいつもニュースを見ていることとかが無意義に見えるかもしれない。子どもは遊ぶとき、その遊びが真剣になることもあるだろう。人はどう生活するなど、真剣なことに向き合わないといけないときがあるが、こういうこともストーリーとして作り出されているものだ。

そして、ストーリー（芸術全般）には「無意義」である要素、つまり遊びの要素もあるのだ。これは受け入れ難いことかもしれないが、神の観点からすれば、人生は「お話」だ。お話だからといって価値がないというわけではない。価値は非常に大きいのだ。小説を読むとき、映画を見るとき、「遊び」と「真剣」と融合される。有意義と無意義の合体だ。

回 世界が融合されて一つになることは「霊的」なことである

さて、少しばかり話はそれてしまうが、全ての存在はどう出来上がったのだろうか。それは奇跡に他ならない。「有り難い」ということばを、言葉通りに解釈すると、「と

図5 偉大な生命のサイクル

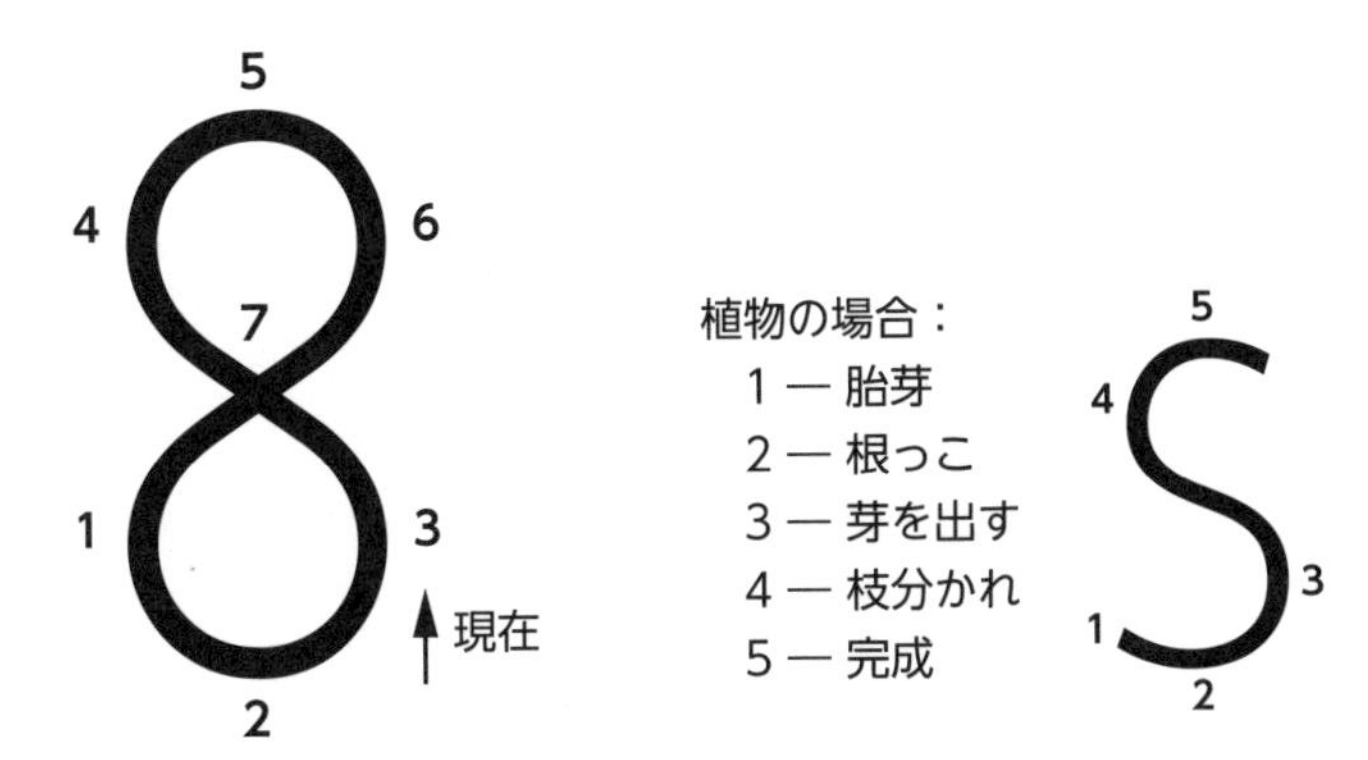

てもマレに起こること。なかなか起きないこと」という意味になる。そうなると、感謝とは何かが滅多にないことに対する気持ちなのかもしれない。全ての存在が奇跡となると、まさにそういう感情を持つにふさわしいだろう。

陰陽の二元性とは存在の霊性と物質的要素のことで、東洋と西洋の二元性はその鏡。日本は東洋の中で最も東の国なので、最も霊的な場所とも言える。ただし、この考えは○と―の「全」と「個」の二元性と均等に考慮すべきで、新時代的霊文明の中で日本が世界を支配するということを言っているのではなく、世界が融合されて一つになることが「霊的」なことだという発想も踏まえていただきたい。

回 人間文明の第三段階は今までの世の中と違い、融合性のあるものになる

形が「8」だと〇と一見違いがないように見えるかもしれない。しかし、この8の形は、進行に目的地があって、その目的地にたどり着いたらまた別の目的地へ向かう仕組みを表している。もしこの8の形を〇より――の見方でするなら、形はこうなる。

S

エス、「S」だ。このSの上の部分が人間文明の最終目的地で、世界、文明、人類は皆この進路を経て上の所までたどり着く。現在、この地球の人類はSの下のカーブから上へと転換している。このSの字の進路とは、「成長の五段階」を表している。

昼（霊的世界、融合）……これはSの下のカーブの前の古の時代。

夜（物質的、分化）……この時代を経て、私たちは1960年代ごろから第三段階に向かってきている。第二段階はSの下のカーブ部分。

昼（再び融合、霊的・物質的両道の世界）……このフェーズに入ってくると、われわれは「他の地球」と交流するようになり、この地球は晴れて宇宙社会の一員になる。S字の下のカーブから上へ向かう。

友人が言った言葉だが、「過去ほど分からないものはない」。本書では、「これから」

についてある程度書くが、世界が融合されていた古の時代についてはあまり触れない。ただし、人類の融合性が高かったことだけは言える。

　第一段階を経て、次なる段階へと進んだ結果、本来の霊的感覚を失うとともに、物質的発展とともに欲望のために争う時代となった。そのおかげで現在のテクノロジーがある。

　そして今は、第二段階と第三段階の架け橋を渡ろうとしている。筆者が個人的に思うには、次のミレニアム（１０００年）の間で、科学が世の霊性を発見することと、人類の意識の変化による霊能力者・超能力者の増加が発生するだろうということだ。

　この「架け橋」を渡り始めたのは、１９６０年代ごろと言える。１９６０年代は世界中でさまざまな文化や思想、あるいは人権においての革命的出来事が発生した時期だ。「自由」へ欲求が高まった時期、そして自由は○・火の要素、すなわち霊的なものであることからして、霊的革命が発生し出したと言えよう。現在でも、右脳や潜在意識のことは人気ある話題であり、「スピリチュアルブーム」が来ているとも言われている。

　第三段階は、今までの分裂されていた世の中と違い、融合性のあるものだ。そして、今自然にグローバル化の勢いは加速している。いつかこの地球は一つの大きな国となる。あるいは、国同士が一つのシステムとなってまとまるとも言える。そして宇宙社会の仲間入りをしてどんどん成長していくにつれ、地球は「国」から「街・村」へ、そして細胞のような感覚になっていくに違いない。古の時代にも融合性はあったが、第三段階は第一段階と比べて複雑なものとなる。

それは、第二段階は今までの物質的進歩を含むので、霊・物両道の世となり、またグローバル社会経済システムも融合・分化両道の融合ということになる。しかし、競争より協和が優先されるようになり、和は「主」、競いは「従」のものとなる。今の国際社会では、発展途上国が先進国に対して競争しきれない状況の中にいて、大貧困に陥っている人たちに救いの手はなかなか差し伸べられない。

しかし、それも変わる。そして、そういう変化は国同士の関係にとどまらない。聖書に書いてあるキリストの有名なセリフだが、「柔和な人は世を受け継ぐ」というのがある。これは、霊的な因果応報の法則に沿って善徳を積むものに幸せと富が与えられることを指しているに違いない。前に述べたGOD―GOOD―GOLDの順番に意識が優先するようになるということだ。右脳が発達していくとともに、意識が協和的になるので、資本主義のあり方も変わる。新時代では、資本家は自分のもうけのために他を犠牲にしたり、利用したりするのではなく、例えば工場で人が働いているとすれば、今以上に十分な給料の還元をその労働者にすることになるだろう。それによって、以前金融危機の現象をもたらした富裕層によるデリバティブ取引よりは、一般の物品・サービスの購入の余裕、あるいは新事業開業の貯蓄のための余裕を一般人が持つことで、経済はより活発になる。

これを読んで読者は「筆者のこのマルクというやつは共産主義か、なるほど」と思うかもしれないが、実は共産主義も資本主義も経済として両立する、つまり同時に存在できるものである。そして無政府主義（アナーキー）も法的秩序と両立する。経済や国家を理解するにあたって、「資本主義」や「共産主義」などの抽象的な言葉より、まず右脳による非言語的理解から始まって言葉の理解がそれを支える役割をもたらすことにならないと、「理解している」というよりは「理解しているつもり」になりかねない。

アナーキーと法的秩序の両立に関しては、自由市場をアナーキーの要素と見て、経済活動を自由にする。束縛する（規制）政府側が法的秩序の要素と言える。

回 神の子である人間は無限の成長サイクルの中で生かされる

現在、世の中は真っ逆さまの状態だ。これは、どういう意味なのか。それは、〇より――が優先されているからだ。
○の要素は真の礎で、地球にある物質的インフラを作るための自然資源も○の要素である。私たちの経済社会は「木」のように構築されている。資源（○の要素）を有するものが木の上の方にいることができ、資源を持たないものたちは木の下、つまり土の役割を果たすことになってしまう。土は資源にありつけないどころか、資源として扱われることになる。
これが逆道。正しい道の歩み方では資源はまず分配され、そこから成長が発生するので、経済社会は「木」ではなく「園」のようになる。現在、世界がさまざまな危機にさらされていることは誰でも耳にしたことがあるだろう。有害化学物質は食品・日用品・大気など、いろんなところにある。温暖化ガスの大量放出のせいで地球の平均気温は上昇するばかり。省エネをしたり、再生可能エネルギーを使うなど、もっとエコ化しなければならないという声も上がっているが、世の中は簡単には変わらない。

ここで明確にしておきたいことがあるが、それは「根っこ」・「芽を出す」、そして「木の社会」・「園の社会」の関係性についてだ。社会が園のように構成されているのが正しく、逆道では木のように構成される。ただし、人類の成長を一つの植物として見るなら、「木」であった逆道は「根っこ」。そして、芽を出すと園になるということだ。

さっきの話に戻りたい。有害物質や温暖化を地球文明の持つ問題の例としてあげたが、もう一つ大きな問題がある。それは霊障現象である。闇の霊界というものは存在し、人間ももしうらみや妬みを持ちながら死んでしまうと、成仏するのを選ばずにこの世で人に憑(と)りつく選択をする。

特に、恨んでいる相手が生まれ変わるまで待ち、邪霊として呪うという現象も少なくない。われわれは、戦の世をかいくぐるために悪徳を積みながらこの地球で輪廻転生を繰り返してきていることが多い。悪徳を積むと、魂が濁る。その汚れをきれいにするために、神道でいう「禊ぎ払い」というものが発生する。禊ぎ払いは、魂の掃除のための苦しみである。その禊ぎ払いを、邪霊が施している場合もある。多くの病気は実は霊障によるものだと聞いたことがある。科学的考えを捨てろとは言わない。ただし、少なくともうつ病、統合失調症、躁うつ病などの精神疾患は、科学的には発生する理由があいまいな場合が多いと聞く。

S字経路の話に戻るが、第三段階が進んでいくと、世界は楽園になる。まだまだ先のことではあるが、何がすごいかと言うと、第三段階で世界がすでに浄化されるだけでなく、それ以上に第四段階、そしてゴール地点である第五段階とまで発展していくということだ。第六段階は第七段階の準備段階のようなもので、第七段階になると、「無」になる。そして次は第八段階。それは第一段階と同じであり、そうやって神の子である人間は無限の成長サイクルの中で生かされる。神の子はこうして地球で成長していく。これは偉大な生命のサイクルなのだ。

実は、人間界での成長は、段階で見ると植物の成長と似ている。植物も、成長が融合と分化の繰り返しである。最初は種から胎芽へとなる段階。次に根っこが成長し、その後に芽を出す。最終的に枝分かれし、木の場合、実をならせる。これらは植物の成長の五段階であって、第六段階を少しずつ枯れていく段階とすれば、第七段階は土に帰る段階となる。胎芽の時、その植物は「一つ」の状態だ。根っこが生え始めると、その根っこは分化しながら成長する。芽が出ると、その芽は何かの融合体として捉えることができ、後に枝分かれするときは、また分化が始まる。

われわれの文明は、根っこが生える時期を通り過ぎようとしていて、芽を出そうとしている。実際の植物の場合、芽が出たあとでも根っこは成長を続けるが、文明の成長は、段階ごとにはっきりと世の中の在り方が区切られている。今は第二段階から第三段階へと移る架け橋を渡る時だ。その架け橋を渡り終えた時、救世の力は十分に発揮されたことになり、人類は楽園・浄土の新時代へとめでたく踏み込んだことになる。

回ニューエイジ思想では、地球が新たな時代を迎え始めている

本書では、時代の変化については植物の成長みたいなものであるという説明をしている。しかしニューエイジ思想では、地球がどの星座の影響を受けているかにより人類の考え方、あり方、行動の仕方が左右されていて、星座時代という期間があり、今はうお座の影響が少しずつ弱くなってきていて、みずがめ座の時代へ突入しているという考え方がある。筆者はこの考えも正しいと認識している。

ニューエイジ思想では、現在地球が十二星座時代の中で、うお座からみずがめ座へと新たな時代を迎え始めていることが重要視されている。ウィキペディアに書いてあるが、十二星座時代の変化というものは、占星学者によると、その変化と同時に地球で文化的、社会的、そして政治的変化が並行して起こるようだ。西洋占星学では、十二の星座時代があり、それらの時代がすべて終えることを一つのサイクルとして見て、2万5千920年ごとにそのサイクルは達成されると言われている。

「The Dawning of the Golden Age of Aquarius（みずがめ座の黄金時代の暁）」の著者であるアルバート・アマオ博士は、次のように言っている。

「組織的宗教が支配の手段として使われ、そしてそれが天と人の仲介の役割を果たす

ような時代はもう終わります。その代わりに、すべての個人が直接、己の内なる神我とつながることが認識されていくでしょう」

地球で発生している危機が、どのようにうお座からみずがめ座へと時代が推移しているのを表しているかについても、アマオ博士はこう言っている。

「今見られる政治的、経済社会的、そして宗教的な大変動は新たな社会的、経済的正義の世界秩序へと入っていくために必要なもので、その新たな世界秩序はもっと高いレベルの国際的理解と知識に基づいたものになります。したがって、われわれの主要論点は、現在見られる数々の危機的状況は、世界が新紀元を迎えていることを伝えている信号であるということです。言い換えると、私たちは現在うお座の時代がゆっくりとみずがめ座の時代へと夜明けのように変わっているのを目撃しているのです」

多くの人は今、世が終わりを迎えていると信じている。その考えに反対しているアマオ博士はこうも主張している。

「われわれが主張したいのは、偽りの予言者やニューエイジ作家が、黄金時代がもうすぐ来るんだという信号を、世の終わりという見方をしていて、それが陰謀であり誤った見方であるということです」

みずがめ座の時代が近くなってくると同時に、地球の太陽系の中の位置がものすごく変化している。これについてのアマオ博士の以下の言葉を見てみよう。

「この宇宙的出来事の形而上学的な解釈は、エネルギーの大きな交替を意味するもので、地球の全体的カルマの転換期とも言えます。この新しい波動は、人の意識を対立から協力へと変化させることができ、高いレベルへと導くことが可能です。マヤ暦の終わりである２０１２年12月21日は、本当は世の終わりを意味するのではなく、うお座の時代の終わりから新時代へと入っていくことを意味しています」

「ニューエイジ作家のピーター・ロリスは、今の時代を次のように正確に表していいます。『うお座の時代は、生命の源は魔法や奇跡であるということを盲目的に信じること、疑いなくそれに対し宗教的信仰精神を持つ時代でありました。こうなると、自然に宗教の教理が皆により従われるようになります』」

アルバート・アマオ博士は、地球はまだ完全にアクエリアス時代へと入っておらず、推移している時期であると以下のように言っている。

「どんな社会現象でも、懐胎期間というものが必ずあり、そういうものが誕生するということは、調整するためのプロセスがゆっくり発生することにもなります。このプロセスを、われわれは転換期と呼んでいます」

「転換期という概念は、新たな星座時代を迎えるにあたって、必ず前の星座時代から適応・順応していくために期間が必要だということです。その期間が終われば、新しいサイクルに入ることによる効果が見られるようになります」

「転換期の全体にわたって（それは、アクエリアス時代の効果が発生される以前の時まで）、人類の浄化が成されている。AIDSなどの致命的病気、数々の種類の不治の癌……2004年のインドネシア津波・地震、2005年のアメリカのハリケーン・カトリーナや2011年の東日本大震災などの破壊をもたらす地質学的大現象、そしてアラブ諸国で見られた2011年の『アラブの春』と言われる政治的・社会的変化は皆、転換期の中で見られる星座時代推移の信号です」

アルバート・アマオ博士によると、アクエリアス時代が本格的に始まるのは2298年あたりらしい。ただし、新星座時代の始まりがいつであるかに関しては、さまざまな異論がある。

アマオ博士はみずがめ座と天王星の関係性についても話している。

「みずがめ座が天王星に支配されていることはとても興味深いです。この惑星は、自由化という社会的変化、社会的改革、社会主義や、労働組合などを表します。どうやら、天王星は、1781年にその惑星自体が発見されてから、人類の意識に影響を与えてきているようです。これは、19世紀のはじめに現れた無政府主義・アナーキズムの根本であるピエール・ジョーゼフ・プルードンの社会主義的なユートピアの思想に反映されています。この思想がカール・マルクスやフリードリヒ・エンゲルス、ウラジーミル・レーニンが起こした社会主義・共産主義の、ヨーロッパで広まった運動のもととなっています。マルクスの代表作である「資本論」の第一巻は１８６７年に出版され、第二巻、第三巻（エンゲルス著）は１８８５年と１８９４年に出版されています。これらの書物は社会主義者・共産主義者のバイブルのようなものです。アメリカ合衆国が南北戦争（１８６１年～１８６５年）の後、世界の中で主要な国になったのも、天王星の影響による地球社会の社会的・経済的変化です」

アルバート・アマオ博士は「The Dawning of the Golden Age of Aquarius」の中で、ジェームズ・ルイスという作家が１９６０年代から始まったニューエイジ運動について言っていることを引用している。

1．己自信が神聖である、または神聖な存在とつながっている。内なる精神はもっと大きな意識により統一されている。
2．ユング心理学にある個性化と言われる自己の変化の可能性がある。
3．幅広い文化的変化への希望、全世界における新たな社会秩序への期待、黄金時代（アクエリアス時代）の到来。

4. 汎神論、シャーマニズム、占星学術、タロット、明晰夢などのオカルト的なものに対する認知と活用

自己が神聖であるという概念は、本書で筆者が書いていることと一致する。人間は神の子であり、地球で人間として輪廻転生を繰り返していくと、いずれその学校のような期間を卒業し、一人前（一神前というべきか）の神になる。そして今後さらに、オカルト的な術法が認知・活用されるようになるということも、神秘主義的な右脳がこれから開花されていくという本書で述べられていることとも一致する。

アマオ博士の文章をさらに見てみよう。

「過去の時代では、交通や旅行の手段はほとんど海でありました。次の時代では旅行の手段の中に空中があり、さらには宇宙空間というのも移動の手段として存在し、それは宇宙の謎を解き明かすことにもつながっていきます。みずがめ座は、本来はこういうものを支配します。

電気、コンピューター、飛行、民主主義、自由、人類愛、理想主義、モダン化、革命、精神病、天文学、そして占星学術です。ほかにもみずがめ座と関連すると言われているキーワードは博愛主義、不服従、誠実さなどがあります」

「アインシュタインの編み出した有名な方程式である E ＝ mc² も視野に入れましょ

う。この方程式は、宇宙のすべてのものが純エネルギーであることを表しています。そして量子力学では原子の中にある光子・フォトンは、無から現れ、また無になると言われています。形而上学の分野では、カバラ研究者やオカルト科学者は、全ては純意識だと言っています」

「21世紀へと入ってから、太陽系全体がだんだんと新たなエネルギーの流れに影響されてきていて、それは地球上で、前の時代の状態から違う方向へと変化が現れていることとつながりがあります。私たちは魔法のような、みずがめ座の黄金時代への出発点にいるのです。みずがめの星座から高いレベルの波動を浴びることにより、意識がもっと高いレベルに到達できるようになります」

「みずがめ座の波動は人間の活動にさまざまな角度から影響してきています。例えば、20世紀の半ば(なか)くらいから芸術はうお座の時代でのあり方から完全に違う方向へと発展してきました。うお座では宗教がモチーフであった芸術作品が多かったのですが、みずがめ座に入り出してから印象派、キュービズムやシュルレアリスムなどというものが、最初は革命的と思われていたのが、だんだんと現れるようになりました。これらの新たな芸術における概念が現在のモダン芸術に影響しています。その影響は絵画、彫刻、建築術、音楽、ダンス、詞、文学などさまざまな分野で見られます」

「知識と神秘主義は、人類の意識の拡張という目的のために、人種、信仰、文化、性別などを問わず融合されます。このプロセスはワンネス、宇宙が一つの生命であるという真概念によって全ての世界宗教が統合されることを意味します。占星学ではみずがめ座は、スピリチュアルな友愛や兄弟愛を暗示するものなので、この新たな時代では違う人種の者同士が争わず、平和に統一されることを意味すると思われます」

「みずがめ座の時代では、私たちは宗教と科学の融合と、人類が一つであるという認識を通じて、霊的にもっと高い自分にたどり着きます」

「ワンネスという概念への気づきはアクエリアス時代の大きな特徴になるでしょう」

「哲学、心理学、量子力学、エピジェネティクス（新生物学）などの分野では、宇宙のワンネス論を証明するような努力が現在見られます」

「ワンネスの概念と共に、利他主義、人類愛、共通性などが付いてきます」

「うお座の時代での世の中の見方は機械的なものでした。そして人類が地理的だけではなく、精神的にも分裂しているという発想があるのも特徴でした」

アルバート・アマオ博士のいう、魚座と水瓶座のそれぞれの特徴を示すリスト（図6）を見てみよう。

これからみずがめ座の影響が地球に及ぼされることは事実だ。それは、文明の成長

図6

魚座時代	←→	水瓶座時代
宗教の優位	←→	科学の優位
献身	←→	知識・捜査
殉難	←→	理性
奴隷	←→	自由
男が上で女が下	←→	男女平等
水	←→	空
ヨーロッパの優位	←→	アメリカの優位
航海	←→	航空
宗教の迫害	←→	宗教の自由
独断的信仰精神	←→	理性のある信念
オカルト知識・宗教の謎	←→	科学が過去の謎を解き明かす
分化された思考	←→	グローバルな思考
宗教の分化	←→	宗教の融合・統合

が第三段階に入り、「根っこ」を終えて「芽を出す」ことと同時に起こるというふうに見ることができるし、星座時代の変化が芽を出すきっかけの一つになっているというふうにも見える。とにかく、時代がこれから段々と変化して新しくなることは間違いない。

本書の最も重要なメッセージなので、太字で書かせていただこう。

人類は今まで成長のために分裂しながら激しい競争を続けてきたが、これは全て「根っこ」であり、今から人類は「芽を出す」ことになり、めでたく和の統一を迎えることになるであろう。

回 新時代の中では意識・体験は融合されニュートラルになる

根っこは下向きに成長する。下ということは、本来向かうべき方向の真逆であるという意味がある。根っこは植物が上に向かって成長できるための支えになる。同じように、人類は本来の取るべき行動とは真逆のことをしてきた。それが戦争であることは言うまでもないが、この行為は多くの苦しみを生み出すことになった。

しかし、この苦しみと戦いがあったことが、新時代の礎になるのだ。今、グローバル化が加速しているが、これは右脳の発達をどんどん刺激していく。右脳は慈悲の半球であって、神秘感の半球でもある。

先ほど言った「植物の成長は人間界での成長に似ている」ことについてだが、人生の中で精神が変化・成長していくのは、植物の成長、そして神の子が文明として成長していく進路と似ている。人間にとって一つの段階はおよそ15年だ。

次の年表を見ていただきたい。人生はこの表のとおりに１００％いかないことも当然あるので、あくまで「目安」として見ていただければ幸いである。

●年表

年齢	
0～14	精神に融合性ありの時代。植物で言えば胎芽。
15～29	己の言動パターンを場によって変化させる（分別する）知恵を学んでいく時代。学生の場合、友達同士でいる時と先生と一緒にいる時では教室内での自分の言動を意思で異ならせる。文明の根っこ時代と似ているが、さまざまな欲に目覚め、競争が激しい時代でもある。

30~44	精神が再び融合・統一されていく時。そして社会全体へと意識を向けていく（地球にとって、意識をさまざまな地球が存在する宇宙社会へと向けていく時である）。新たな価値観・大人としての責任感を持ち始める。
45~59	筆者はまだこの年齢ではないので、本書のセオリー上この時代は「枝分かれ」と何やら似ているはずとだけ言おう。
60~74	筆者はまだこの年齢に達していないので分からないことの方が多いが、この時代は多くの人にとって仕事から引退する時期でもあり、それを人の「黄金時代」と呼ぶことがあるのは知っている。黄金時代となると、木で例えれば「実をならせることができた」ことになるだろう。おそらく、どういう実がならされるかというと、今まで積んできた経験や記憶が重なったこととそれはつながりがあるだろう。それが達成感をもたらすのかもしれないし、同じく引退している者とお互いの人生を語り合うのが喜びになるのかもしれない。申し訳ないが、その年齢にならないと分からない。読者がまだ年がわりと若い方であるなら、とりあえず楽しみにするのはどうだろうか。
75~89	筆者は前の二つの段階もまだ生きていないので、当然、この段階もまだで

ある。「死に近づいているのを意識しながら生きる」と言えば正しいのだろうか。死を意識するということは、できればそれが恐怖感ではなく神秘感のようなものであってほしい。本書を読むことで、死ぬことに対しての恐怖ややもやもや感が少しでも晴れてほしいものだ。だからといって、死を喜ぶということにはならない。それは不自然だ。葬式をするとき、人は泣くのが当たり前。この世で生きることを喜びとすることを前提に、死はある程度嫌がったり悲しんだりしながら、あの世もあるんだという神秘的な安心感がどこかにあれば自然になるだろう。あの世という場所の存在が分からなければ、人は死に対して不安感どころか絶望感を抱きかねないだろう。

90	
死。霊となりあの世へ帰る。	

「8」の字の中に「S」の字がある（人生や文明はこの形の経路をたどると言ってきているが、もちろん、それは空間の中でそういう動きを物理的にとることではなく、人生や文明の生きざまを描く抽象的な図だ）。S字の一番上は第五段階、そして人生で言えば年齢が60から75の間の時。これは木の成長の段階で例えたら木が実をならせる段階で、人にとっては引退をする「黄金時代」だ。植物の成長と人生は完全に鏡同士とは言えないところがある。木は実をならせるのは1年の中で旬の時で、旬以外の時は実はならせない。だからといって第六段階に入ったということではなく、来年はまた実をならせる。植物は植物で独特な仕組みを持っているので、人間や文明とは完全な鏡同士ではないが、筆者が言いたいことは、とても似ているということだ。この知識は霊的に得ている非常に価値のある知識なので、ぜひ、読者自身の哲学の参考にしてほしい。

文明が現在第二段階を過ぎて第三段階に入ろうとしているのを、人間の成長の観点から見ると、年齢的に30代に突入することになる。人間の成長の段階が15年であることとは非常に興味深いことだ。しかも、文明の成長、植物の成長とマッチする。実は、15年と言っているが、本当は14年で、14年となると、数学的に見ると7で割ることができる。８の字、すべての成長も七段階だ。

　他にも、数字の7が神秘的な形で現れることがある。人間の体の全ての細胞が生まれ変わるには、ちょうど7年必要らしい。仏教では、人が亡くなると49日の間、この世にとどまってから成仏すると言われている。49は7×7だ。中東言語と西洋言語は、言語学的には関係性が薄いはずなのに、英語で7は「ＳＥＶＥＮ（セブン）」で、ヘブライ語では「ＳＨＥＶＡ（シェヴァ）」といって、英語と似ている。筆者の勝手な発想だが、「シヴァ」という名の神と数字の7に何か関係があるのではないだろうか。ヨーロッパ言語では、「ヴァ」は「生きる」という意味を持ち、残った「シ」は日本語ではその反対の意味を持つことになる。生命のサイクルが7段階であることと関係するのではないだろうか。

　もう一つ、数字の7のことになるが、セールスには、7回プレゼンをすれば相手は客になってくれるという法則があるということを、どこかのビジネスセミナーで聞いた。実に興味深い。

　われわれは分裂した世の中から融合した世の中へと転移している。新時代の世の中はもっと複雑化するだろう（分化と融合の両方の融合であるからだ）。日々、生活の中で「楽しい時」と「厳しい時」が分裂して、振り子のように行き来しているのに気づいたことがあるだろう。楽しさと厳しさは人の意識や生活の中での体験において分裂してきたが、新時代の中ではこれらの意識・体験は融合される。ニュートラルになると言ってもよい。

これは、禅宗の僧侶が座禅で目指す精神状態に似ている。座禅の目的とは、お釈迦さまが教えたように、精神を琴の糸のごとく緩め過ぎず、引き締め過ぎず、ニュートラルにすることだ。楽をし過ぎない、リラックスし過ぎない、そして緊張もし過ぎない。新時代ではこのような「禅の心」が無意識に働きをもたらすようになる。やはり右脳の発達が要因だ。

もう一つ、意識で融合されるのは「公私」である。右脳が発達していくと、意識が「単純」から「複雑」な思考モードに移行し、「抽象」から「具象」へと移行する。「客」や「友達」といった言葉は、人間関係に区切りを作るための抽象的なものであって、それに沿って人間関係の秩序が構築される。未来の新時代でももちろん人間関係の秩序は存在するであろう。

しかし、思考モードが変わることは間違いない。というよりは、「思考」せず「感じる」ような傾向が強くなるだろう。人間関係の区切りは、未来の新時代ではなく、なるのではなく、柔軟性や複雑性が高度になるということだ。「遊ぶこと」、「働くこと」

……この分化も区切りに柔軟性が今よりもっとある世界になる。前に話した「ゴスト意識」が高まる現象ともつながっている。

回 宇宙の時空秩序は「整った状態」である

ブラックホールの向こうには「カオス」というものがある。カオスは、物質・エネルギー・そして空間も入り交じっている波だ。宇宙を創造した神は、このカオスを材料として使って宇宙を作った。「三途の川」というものが、あの世とこの世の間にあって、亡くなったらそれを越えると言われているが、筆者の想像では、このカオスというものが三途の川の正体だ。カオスが宇宙の材料なら、宇宙の礎であり、〇の要素であり、宇宙が――の要素になる。これは、柔らかい粘土を使って形を整えるときに柔らかい状態の粘土が〇の要素であるのと似ている。

カオスは材料であり「自由な状態」で、宇宙の時空秩序は「整った状態」だ。自由は破壊的なものではない。むしろ反対だ。慈悲と想像力が本当の自由なのだ。もし意識が何か整った状態のものを材料の状態に戻すとすると、それは破壊になる。しかし、その反対に材料から整った状態へと移ると、それは創造になる。例えば、家を建てるには木材などさまざまな材料が必要だ。

私たちには意識と無意識があって、無意識は宇宙のカオスのようにランダム化されていて、自由な状態だ。

宇宙にはこの地球のような星がとても多くて、人間が住んでいる。音は、言葉という整った形になる場合もあるが、その前に、音は自由に、ランダムな可能性を持つ。赤ちゃんは、言葉を自由で不確定な純粋な音から整った形として学習していく。

第9章

三位一体、トリニティーについて

回「霊・心・体」のトリニティーは霊的次元から物質化する

これまで、あらゆる二元性について話してきた。そこで最後に、筆者が関心を抱いている三位一体、トリニティーのことを紹介したい。

霊→心→体（あるいは、意識→エネルギー→物質）

God→Good→Gold

健→和→富

知→情→義

これらのトリニティーには矢印がついている。川上から川下へと流れていくのをイメージしていただきたい。三位一体であるとともに、順番がある。「霊・心・体」のトリニティーは、全て霊的次元から物質化することを意味する。人の魂や霊の状態は心の状態に影響を与え、また心の状態は身体の状態、あるいは自分に起きる出来事に変化をもたらす。

あるヨガの先生に教えてもらったが、人は身体からエネルギーを放出していて、そのエネルギーが、本人がこれからたどる道、カルマ、発生する現実をひき起こすらしい。エネルギーについてだが、存在するあらゆるものが実際はエネルギーで、意識というものもエネルギーなのだ。順番で言うと、物質は実はエネルギーで、エネルギーは実は意識ということになる。筆者も、霊界から意識のようなエネルギーが送られてきたのを体験したことがある。そのエネルギーは、苦しみには理性があるという非言語的な意識だった。

「健・和・富」に関してだが、このトリニティーはとある宗教団体で教わったことで、正しいと信じている。健康な状態でいると周りの人との関係が良くなり、それは商売の利益などにつながる場合があるということに反対する意見を持つ人は少ないであろう。商売は人間関係から成り立つと商売人から教えられたこともある。

「健・和・富」の「富」は、心の富のことも意味するかもしれない。健康は、心と体の健康もそうだが、経済的健康のことも当てはまる。食べていけるだけのお金がなければ、健康にはなかなかなれない。このトリニティーのなかの「富」は、基礎的経済力を意味するものではなく、基礎的レベルを超えた富を意味する。

そして、「知・情・義」は人の意識のことである。「義」は行動を意味する。知識がなければ知ったことに対して感情を抱くことはなく、感情がなければ行動もない。ただし、この順番の最初にある「知」は、他より価値があるとか、優れているというわけではない。

知・情・義の意識の違いを数学的に見るとすれば、価値は均衡の状態だ。行動がなければ何も成り立たないという見方もできるし、感情は人生の中で一番重要だと思う人もいるであろう。ある経済学者の発言だが、「経済は感情によって動かされる」という理論があるらしい。購入という行動に至るには、その物品・サービスの情報をまず得なくてはならない。そしてそのためには、お金を使おうという感情を持たなければならない。だからＣＭを作るときは、宣伝している物・サービスに対して情報を提供するだけでなく、ポジティブな感情を持ってもらうために演出性を努力するのが有効だ。

大きな感情は大きな行動を招く。そして、行動を起こすことで何かを学ぶとなれば、「知・情・義」は「知」で始まり「義」で終わるのではなく、サイクルであると言うふうにも見えてくる。家族や同僚・仲間に対する知識を得たら、その人たちに対してもっと愛情が持てるかもしれない。となると、人のことを「もう完全に分かった」と思い込んで、その人に関する新しい情報に対して壁を作ると、感情に対しても壁を作ることになる。社内で同僚同士がお互いのことをよく知ることができれば、モチベーションが上がり、働く勢いも増すかもしれない。「知」は「情」の礎で、「情」は「義」の礎で、「義」は「知」の礎。それらがサイクルになるのは一つの法則だと言えよう。

知、情、義が意識で交ざる人もいれば、分化するタイプもいる。交ざる傾向の人は縦タイプ、分化する傾向の人は横タイプというふうに筆者は見ている。縦タイプの人は知・情・義が同時にオンになるようになっていて、横タイプの人は、知がオンなら情・義はオフ、情がオンなら知・義はオフ、というような傾向を持つ。

縦タイプと横タイプのこういった傾向は、あくまでも「傾向」であって、縦タイプでも多少分化はするだろうし、横タイプも多少はミックスするだろう。また、縦と横の要素を両方持つ人も存在すると思われる。分化は——の要素、横は水の要素。融合は○で縦は火。縦の人はホリスティック思考を持つ傾向があり、意識の「全」と「個」を海と船で例えるなら、「船意識」よりは「海意識」を持っていると言える。社会全体を海として例えるなら、社会の中にある個々の家や施設は船として例えられる。縦タイプの人は横タイプと違って、自分の乗っている船に集中するよりは社会全体を見渡す傾向がある。

縦タイプの人はさらに年齢をミックスさせる傾向があり、若い時に年を取った落着きも持ちつつ、年を取っても若い人のような人格もある程度維持する。縦タイプの人と横タイプの人の間で、心理の違いにおいて摩擦が発生することもあるかもしれない。例えば学校は、人を年齢で完全に分別する。縦タイプの人はいろんな年齢の人が交ざった環境の方が向いているかもしれない。

そして、社会全体という海に意識が向いていくということは、一つの「船」にとどまることになればその人にとっては苦痛になるかもしれない。人類の右脳が発達していけば、人の海意識が同時に発達していく。そうなると、ホリスティック思考もどんどん開花していき、そこが霊的新時代へと切り替わるポイントとなる。

クリエーティブな人は縦タイプである傾向がある（いつもではないが、ここで言っていることはセオリーで、実際の現実世界はもっと複雑だ。よって、定まった方式に当てはまらない場合もある。となると、やはり理解は非言語的なところから始まらないといけない）。海意識がある人はゴスト意識も強い。火と水の特徴リストでは東洋が縦で西洋が横と書いてあるが、横タイプの人は東洋に多くいるだろうし、西洋に縦タイプの人も少なくはないであろう。

God ― Good ― Gold（この英語は直訳すれば「神・善・金」にもなる）のトリニティーで覚えてほしいのは、「God」という言葉に○を入れれば「Good」になり、――を入れれば「Gold」になるということだ。逆道から離れて正しい道を歩んでいくためには、まず宇宙意思を信じ、信仰精神を持つことが肝心で、因果応報の法則に従って行動をしていくことが次に肝心になる。

それは悪徳を積まず、逆に善徳を積むことになるのだが、因果応報の法則を正しくたどれば、人はそうやって幸せを得ることができる。富は目に見えない種類の心の幸福かもしれないし、目に見える財産という形になるかもしれない。

私たち人間が結局何を求めるかというのは、何かを感じることである。それは愛を感じることかもしれないし、成功した喜びかもしれない。旅行をする時に感じるインスピレーションや、単においしい食べ物を食べることもそうだろう。楽しんだり笑ったりするのも良いことだ。ある意味、人が必要とする物質的なものというのは、実は生きるための最低限のものだけで、あとは心の満足さえあれば幸せなのだ。バランスも感じることの中に含まれるが、心は「用意が出来ている」状態と「落ち着いた」状態の両方が調和されたときにバランスがとれることになる。

回 全てにおいて「礎」が非常に大切である

では、われわれは何をしなければならないのか。何が最も大切なのか。毎日何をしているのか。大切なのは礎を築くことである。霊界から悟りを授かったとき、この「礎」というものが非常に大切であるということがメッセージに含まれていた。

前述したトリニティーでは、川上が川下の礎になっている。宇宙の材料であるカオスは時空の秩序の礎で、それは一般的に自由と可能性が秩序の礎であることと一致する。健康は生活・人生の礎であり、生産の礎は自然資源で、自然資源が存在するのは神のおかげ（空気がなければ生きることは不可能）だ。その神の存在は各人の礎である。収入は社会の中で人間にとって生活の礎だ。子どもは未来の礎で、親は子どもの成長のための礎。そして、根っこは植物のための礎。われわれは人類として「根っこ」という礎を築くことに成功した。今こそめでたく芽を出す時であり、楽園・浄土はやってくるのである。

成功を手にするには、礎の上にまた次の礎を築かなければならない。準備が整ったら次の準備に移行する。すると、全ては準備の連鎖であることになる。しかし、全てが準備というわけではなく、イベント・出来事でもある。音楽は実にこのようであって、全てのフレーズは何かのハプニングで、次のフレーズのための準備でもある。小説や劇などでも同じだ。

時には、正しい準備をすること、礎を築くことに失敗をするかもしれない。しかし、失敗が次にどうすればいいのかという理解につながれば、その失敗も礎であり、何かの準備として役に立ったことになる。

人体では、骨盤が人のバランスを支えるための最も重要な部分だ。前に話した「知・

情・義」のトリニティーに戻るが、知は頭部で感じるもの、情は胴体、そして義は下半身に例えることができる。

全ての体の動きは骨盤のエリアから発生する。例えば、ボクシングのジムに行ったらまず教わるのは、パンチがただ単に腕を動かすだけではないということで、力が足から上へと伝わるようなストレートが出せるように練習することになる。

チャクラの中でも、最も重要なチャクラ（丹田）はおへその下にある。そして感情は胸などの胴体エリアで感じる。これは二つの部分で見ることができる。上の情（胸）、そして下の情（お腹）である。情を上下で分けたが、この上下はどちらかが優れていてもう一つが劣っているということを意味していない。

そして、愛国心の話をするとなると、エネルギーは胴体の上部、胸の方へいくかもしれない。さらに、笑うことは感情と関係があるが、これはお腹で感じることが多いはずだ。ユーモアの内容によって体の上部、あるいは下部に気、そして呼吸がいくことになるかもしれない。笑い方というのはさまざまあって、西洋文化では「皮肉」というユーモア感覚が東洋よりもあり、知的な冗談を言うことが好まれるようだ。となると、笑い方も変わってくる。笑っているときの呼吸が変わり、胴体の中の筋肉の動きもおそらく違う。

回 まず慈悲があってから愛を持つという順番が好ましい

男性と女性も、おそらく上の情・下の情の感じ方が違う。女性は乳房が前に出るが、男性は下の陰部が前に出る。この違いは、心身相関の違いともリンクする。もしかすると女性は男性より上の情を感じる傾向が強く、男性は下の情を感じる傾向が強いのかもしれない。

男性は下の情の方が感じるということを言ったが、上の情がないということではない。下の情が表に強く出る分、上の情は表に出ないが深く感じるということだ。胸は頭部、つまり「知」とつながりが近いので、この部分の感情は言葉に出す傾向がある。女性の方が感情のコミュニケーションを取るというのは一般的理解ではあるが、男性には感情が女性ほどはないと言ってしまうと、これは誤解になる。男性にとっては、上の情は深く感じるものであって、あまりにも大事なので言葉にしないようにする傾向があるのだ。求心と遠心の違いだ。

筆者は男性と女性の違いについて、限りを尽くして解説しているつもりであるが、読者の方にはぜひ自分の考えを持ちながら、オープンな構えをもってほしい。男性と女性の脳の構造の違いや、人格・習慣の違いは大きなテーマであって、本書一冊で簡単に100％説けるものではないと思っているからである。

　意識はさまざまな要素のシナジーであり、頭部、胸・腹、腰・足などの位置により別の種類の意識を感じることができ、またそれらの要素はワンネスの中で統一されている。実は、地球のさまざまな地域も似たような仕組みなのだ。地球の東洋地域は「義」の意識を強く持つ傾向があり、中部（中近東・アフリカ）は「情」の意識を感じる傾向があり、西洋は「知」に当たる。

　地球がこうやって一つの意識、ボディーであるというふうに見れば、戦争とはすべて内乱だという見方ができる。自分で自分を傷つけるという現象であり、不自然な行為とも言えるかもしれない。戦いの本質とは「自分vs相手」なのではなく、いつでも「自分vs自分」なのだ。これは存在の根源が戦のようであったことにも結びつく。自分が自分と戦うという現象は、精神が統一されていない状態に起きるもので、修行者は内なる葛藤をしながら精神統一を目指す。われわれ地球人たちも同じように葛藤をしていて、修行をしていくうちに統一はされることになるだろう。

　意識・心は体を通して感じる。体を縦で見ると上から「知」・「情」・「義」となり、横（左右）で見ると、右が愛で、左が慈悲になる。人によっては、慈悲より愛が好ましい、あるいは優れている、あるいは正義であると思う場合があるかもしれない。それは、そういう人がもともと左脳的である可能性が高い。心身相関を上下と左右で解説しているが、体には前後があり、中と外というのもある。解説していない要素もあるが、意識・心は多種多様なはず。心と体のリンクに興味があるなら、瞑想を通して感じてみるのもいいかもしれない。

愛を強く持つ人は、コミュニケーションの非言語的な要素よりは分かりやすい言語的要素を意識している場合が多く、議論好きであったりする。愛より慈悲を持つ傾向のある右脳人は、コミュニケーションの非言語的要素に敏感だ。コミュニケーションの非言語的要素となると、顔の表情であったり、声のトーンであったりする。

慈悲はマイナスなものをゼロに持っていこうとする感情とも言える。例えば、苦しみを和らげてあげたいという気持ち。逆に愛はゼロからプラスに持っていく気持ちと言えよう。前にも述べたが、〇は──の礎の役割を果たす傾向があり、ここでもそれは当てはまる。マイナスのものを除去できなければ、なかなかプラスにはならないのではないだろうか。

そして、慈悲は「個」より「全」を意識する傾向があり、ランダムさともつながりがあるので、自分と関係のない人に対しても持つことができる気持ちだ。愛は「個」を意識するもので、どちらかというと、関係ない人よりは最も関係のある人に対してそれだけ大きくなる傾向がある。

仏教で「釈迦」と言われるゴータマ・シッダルタは、王家に生まれながらも、愛すべき我が子をも置き去りにし、己と直接関係を持たない世人の苦しみを和らげることに人生を捧げたという。まさに慈悲の塊のような精神の持ち主だったのではないだろうか。

筆者はここで、「愛」と「慈悲」という二つの異なるものが、どちらとも、もう一方と比べて優れているということはなく、意味や価値は均衡の状態であるということを主張したい。本書の重要なメッセージの一つだが、もろもろの存在の意味や価値は、単純に見たら格差があるようで、実は神の神秘の技により意味・価値は均衡を保つようになっている。

ただし、愛と慈悲に関しては、秩序のためにはなるべく、まず慈悲があってから愛を持つという順番が好ましいことを述べておく。慈悲は愛の礎なのだ。宇宙空間がなければ天体は存在しうることはないのと同じで、まず存在しなければならないのが慈悲、そしてそれをクリアしたら思う存分、人を愛すればよいということだ。それは世が平和であるためだったりする。

ただ、この文章を読んで、「よし、慈悲を持ってみよう！」と思うのはいい心掛けかもしれないが、やはり神の技で今後人類の右脳の機能が高まっていくことで自然にそうなっていくことの方が、人が慈悲を持つきっかけとしては正しいと考える。本書は、別に人に自力で意識を変化させようと説得するために書いているのではない。一つ、ある誤解が発生しているかもしれない。今の人類の慈悲がゼロ、全くない状態とは言ってはいない。誰でも右脳と左脳の両方を持つ。ただ、今後人類の意識は変化していくのは確かだ。

回 慈悲は環境や経済の問題を解決する力にもなりうる

とにかく今後、世人はもっともっと慈悲を感じるようになるだろう。そうなると、もろもろの国の国民が愛国心を持つと同時に、他国の人間も愛するようになるだろう。慈悲は環境や経済の問題を解決する力にもなりうるのである。

日本語で「救う」という言葉があるが、救うとは誰かが抱えている深刻な問題を解決する行動を取るという意味も持つ。そして、ある動作の意味も持つ。何かを救い上げるときの動作は、求心と遠心という二つの異なる力が合体されたのが形になっている。となると、〇の要素と──の要素が一つになっているということだ。陰と陽が一体となることが人類の救いへの道なのだ。

◎人生の中で最高の贈り物とは仁義である

協和と競争は○と―、火と水のような二元性のものだ。しかし、どちらが先に来るか来ないかによって社会は大きく変わる。協和は融合性と関連し、競争は分化性と関連する。新の「和」とは協和と競争の融合だ。

そして、この二元性の中で礎の役割を果たすのが、やはり○の要素である協和で、競争は全体的な協和に基づいたものである必要がある。逆道は、新の「和」である協和と競争の融合が分裂され、競争が優先されている状態だ。逆道では社会は木になる。木はヒエラルキーだ。通常、人がヒエラルキーのことを考えるとピラミッドを連想するかと思うが、本書では人間社会のヒエラルキーを木として表現してきた。

現在、人類はものすごい転換期を迎えており、社会が木から園へと少しずつ変わっていく。聖書に書かれている「エデンの花園」とは、これから人類が突入していく新時代的新社会構成のことだ（古もそうだったが）。アダムとエバは、ある木から「禁断の果実」を取り、神の意思に背いてそれを食べてしまい、エデンの花園から追放されたが、これは、実は古の社会構成が園から木へと移行した現象の寓喩（ぐうゆ）（アレゴリー）なのである。

木には根っこがあり、土の中で育つ。高い位置には葉っぱや花や果実があったりする。植物は生きているので細胞が代謝を行う。栄養は土から取られ、木の上の方へと移動し、木の全体の維持に使われながら果実の成長に集注される。

一方で、代謝から発生する毒素も土に送り込まれる。同じように、産業廃棄物が微々たる大きさで食べ物の中に入り、人間はそれを経口吸収する。せっけんやシャンプーにも微々たる廃棄物が含まれていて、人はそれを経皮吸収しているのだ。

こうした日常的に使うものの毒化もそうだが、複数の人間が集まって組織になることで上下的格差が生じ、一番上は裁きという毒を一番下まで送り込み、心の価値を下から上まで吸い取り、自分だけ栄光を感じることも多々ある。精神性の高い新時代企業では、上の立場の人間がネガティブな感情で下の人間を操作するのではなく、組織全体に活発でポジティブなエネルギーが満ち溢れるのである。

もう一つ、社会で木が発生するのは、幼い子どもが社会の宝、果実として扱われ、成人した途端に「お前は未熟だ」「とっとと働け」など、ムチを打つような言葉を振られているからのように筆者には思えるのだ。それは、成人したばかりの「ひよっこ社会人」を、木のヒエラルキーの一番下、土にしてしまっているからなのではないだろうか。

こうやって、さまざまな形で人間は組織する（友達同士でも）と、木のヒエラルキーになる。

お金という栄養も、経済を木とすれば、一番下から一番上へと上がっていく仕組みになっている。先進国と開発途上国の違いを見ると分かりやすいだろう。途上国は土のようにお金や資源を吸い取られ、先進国が常にマネーゲームの勝利を得ている。

競争とは資源をめぐって行うことだ。二つの対面する国などがお互い資源を求めているなら、両方が自分の資源を守りながら相手の資源を取ろうとする。そして最終的には、相手側そのものを自分の資源にしようとする。歴史では繰り返し戦が起き、相手の国を滅ぼし、人々を奴隷にするなどの行為を生んできた。奴隷は土だ。

ただし、資源をめぐっての争い、そして誰が上になって下を利用するようになるかという競争は、一国の内部でも発生している。ある組織の中の人々は地位をめぐって他人を蹴落とそうとするかもしれない。それは団体の中で発生している個人同士での出来事なのだ。

人にとって「領域」、そして「価値」（極端な場合は「栄光」という言葉がふさわしいかもしれないが）は重要な資源であって、これは対話するにあたって発言するときの結論とつながる場合がある。意識にとって結論とは領域のようなものであり、その結論という椅子に座ると心地よく価値を感じることができる。誰がある結論を「所有」するかの競争が発生するのを感じたことはないだろうか。あるいは誰が「正しい」のか、もしくは会話していることが自分の話なのか、相手の話なのか。

対話による競争は囲碁によく似ているときがある。囲碁は相手に領域を持たせず自分だけ領域を持とうとする種類の、古くから伝わるゲームだ。戦略の一つとしては、相手を囲むことでその場所が相手の領域でなく自分の領域（「領域」は囲碁用語ではないが）になるというのがあるが、面白いことに英語の Ego（「エゴ（自我）」）の発音は、囲碁と同じ「イゴ」である。

人は他の人の持つ心の領域を取り囲み、相手の自我を消して自分の自我を膨らませるという競争をする場合がある。例えば、誰かが自分のことをギタリストだと言うとしよう。そこに他にミュージシャンがいて、その場に他のミュージシャンがいることに対して競争心を感じ、その人より自分が音楽に詳しいことを証明しようとする。その場合、その行為が Ego（囲碁）になる。

「それはそうかもしれないが、あなた自身がこの本を書くことで Ego になっているのでは？」と議論したくなるかもしれない。筆者自身も、もちろんエゴ・自我を持っている。結論が領域であって、領域を治めるのが競争であるのなら、本書ももちろん競争していることになる。なにしろ、この本は結論だらけだ。そして、裁きについて前述したが、本書は悟りの本であると同時に、宗教で言われる「最後の審判」のようでもあるということをも知っていただきたい。「領域」というものそのものを領域としながら、審判を下すこと自体に審判を下すというような矛盾が発生しているかもしれないが、楽園・浄土は一応まだ先であって、本書にそういう現象が宿るのも仕方がない。

ただし、因果応報の法則が真に存在すると知って、Ego（囲碁）などの陰湿な心理戦を避け、他人のことを尊重するようにすれば、未来の自分の道がより良い方向にいくようになるだろう。実際の囲碁のゲームそのものは、もちろんするなとは言わないが……。

社会の「金の木」では、自然資源を持つものが木の実となる。例えば石油や金属など、物を作るための資源（現在では「情報」を資源とする新たな時代にいて、それを制している大企業が支配者のように見えるが……）。下の人たちはその資源が材料としてつくられた物は使うが、そのために労働をし、お金を稼ぐ。建物はこの木の根っこのような役割を果たす。建物のオーナーは家賃という債権を持ちながら金融機関に対して債務を同時に持つ。そして金融機関は木の幹のような役割を果たす。

最後のメッセージの一つとして言いたい。これは天から直接教えられたことの一つでもあるが、人生の中で最高の贈り物とは何か、ということだ。それは仁義である。何か強く想いを持っていることに対して、同時に行動を取る立場にいることが仁義である。

本書は筆者にとって、執筆し出版することが大きな仁義である。とにかく、人に読んでもらうために情熱を込めて書いてきた。読者がいなければ書いた意味も薄くなるので、読者には感謝を言いたい。

意識のトリニティーの「知」「情」「義」についても本書では書いているが、その中の一つ「知」は、間違いなく書籍というものに対して関わりを持つが、その意識はなんらかの「情」につながっただろうか。つまり、本書を読んで何か感情が反応することはあっただろうか。筆者の理想としては、ポジティブな感情を感じていただければこれ以上うれしいことはない。

本編はここで終了である。もろもろの魂の永遠の命を賛美し、われわれの地球に平和と秩序（内なる心の平和や秩序も）があるよう、祈りたい。

おわりに

戦いを終わらせ、世界が平和に一つとなれば、一体どんな目標をわれわれの超文明は持つことになるだろうか。

一つの重大な目標は、πを最後の小数点まで把握することになるだろう。πという数字は、本書でずっと話している「丸」というものと、とても関係している。πの小数点は決して無限ではなく、まるで永久に続くように見えるが、実は有限だ。もしπ、円周率を最後の小数点まで把握することができれば、技術により１００％完全な円形や球を作ることができるようになる。形や色には精神に影響をもたらす力があるので、πの数字が完全に把握されたとき、それは人類の意識が新たなレベルを超えることを意味するかもしれない。

そもそもπとは何なのか。円の半径と直径を、円周と関連させるものだ。二つの最も知られているπの数式は次のようなものである。

$$面積 = \pi r^2$$
$$円周 = 2\pi r$$

円の面積は、半径の2乗×πだ。そして、円周はπ×直径（あるいは半径×2）で、これらの数式は高校や中学校などで教えられている。

旧約聖書の時代では、πは数字の3として近似されていた。どうやって数字の3に近似されていたのかというと、ひもを円の直径として見ながら、別のひもでそのままその直径を囲むように円を作るという実験をしたからだ。バビロニア人はπを3と8分の1（3・125）と計算し、エジプト人は256÷81（3・1604……）と計算した。アルキメデスはπを別の方法で計算した。

πの計算の発展は続行し、ニュートンが15個の小数点まで算出した。ラマヌジャンというインドの天才が、πのための複雑な数式を編み出し、1700万ほどの小数点が算出された。更なる発展がチュドノフスキー兄弟によってもたらされ、彼らの算出方法では10兆ほどの小数点まで見つけることができた。現在ではこれが世界記録だ。ちなみに、チュドノフスキー兄弟の円周率の計算は2011年に行われた。

このようにして、πの発見は時代が進むにつれ、ディープになってきている。πを最後の小数点まで計算することができるようになるのは、人類の一つの大きな挑戦である。

本書で、世界は戦争を止めて平和な時代が始まると述べた。戦いは確かに終わる時が来るが、平和といっても、挑戦することがなくなることはない。これから私たちは、生まれ変わりながら、新時代の平和な世の中で過ごすことになるが、さまざまな挑戦が待っているだろう。宇宙空間を渡って他の惑星にたどり着くというのも、フィクションではなくなる可能性は非常に高い。

本書ではその宇宙以外に、無数の宇宙が存在していると述べているので、他の宇宙とつながるのも挑戦だ。ブラックホールもいずれ出入りできるようになるかもしれない。

未来がスリリングなものになることを期待している。π（円周率）も含み、われら地球の民が手をつなぎ、共に挑戦していく未来に乾杯したい。

●参考文献

「The Dawning of the Golden Age of Aquarius」（みずがめ座の黄金時代の暁）、アルバート・アマオ著、出版社：AuthorHouse 2012年
「The Mathematics of Infinity」（無限の数学）、テオドール・ファチコーニ著、出版社：John Wiley & Sons, Inc. 2006年
「フューチャー・オブ・マインド―心の未来を科学する（The Future of the Mind）」加來道雄著、斉藤隆央訳、NHK出版
「意識の心理―知性と直観の統合（The Psychology of Consciousness）」ロバート・E・オーンスタイン著、北村晴朗訳、産業能率短期大学出版部
「タオ自然学―現代物理学の先端から『東洋の世紀』がはじまる（The Tao of Physics）」フリッチョフ・カプラ著、吉福伸逸・田中三彦・島田裕巳・中山直子訳、工作舎
「貧困のない世界を創る」ムハマド・ユヌス著、猪熊弘子訳、早川書房
「Creative Schools」（クリエーティブな学校）、ケン・ロビンソン著、出版社：Penguin Books 2016年
「Polyandry in Ancient India」（古代インドの一妻多夫）、サルバ・ダマン・シン著、出版社：Motilal Bonarsidass Pub 1988年
「Polygamy: Polygyny, Polyandry, and Polyamory」（複数結婚：一夫多妻、一妻多夫、そして複数恋愛）、ダニエル・ヤング、サラ・ヤング、ケイト・ヤング著、出版社：Fifth

Estate ２０１３年
「Der umgeschulte Linkshänder oder Der Knoten im Gehirn」（左利きに変えられた者と脳内の絡まり）、ジョハンナ・バーバラ・サトラー著、出版社：Auer Verlag GmbH、２００５年
「フェミニズムの政治学」岡野八代著、みすず書房

〈著者プロフィール〉
マルク・カーペンター

1983年生まれ。奈良県生駒市出身。
日本生まれ、日本育ちのアメリカ人。子どもの頃から作家になることが夢だったが、2001年、その夢を忘れかけた頃、霊障などのさまざまな苦労を背負うこととなり、同時に悟りを開き始める。
2011年には死に直面したが、宇宙が一つの光で統一されており、その光が神であることを体験によって悟る。結果としては、霊的哲学をテーマとしたノンフィクションの作品の執筆をすることとなった。
現在は健康を取り戻し、京都に住んでいる。

愛は地球を救わない ～ New Age Nirvana ～

2017年12月15日　初版第1刷発行

著　者　マルク・カーペンター
発行者　韮澤潤一郎
発行所　株式会社たま出版
〒160-0004　東京都新宿区四谷4－28－20
☎ 03-5369-3051（代表）
http://tamabook.com
振替　00130-5-94804
組　版　マーリンクレイン
印刷所　株式会社エーヴィスシステムズ

ISBN978-4-8127-0410-3 C0011